駄菓子屋の儲けは0円なのになぜ潰れないのか?

「しぶとく生き残るあの店」にはワケがある

坂口孝則

SB新書
693

はじめに

街中をぶらぶら歩いていると、なぜ生き残っているのだろう、と不思議に思う店がたくさんありますよね。たとえば、商店街の片隅で長年続く駄菓子屋や町中華、それから傘屋や靴屋などを見かけることがあるでしょう。また別の日には、街中をうろつく焼き芋屋や、不用品回収業者の軽トラックに遭遇するかもしれません。メイン通りの裏まで行けば、靴磨き職人や占い師など、聞いたことはあるけれどその正体はあまりよく知らない職業もあるはずです。これらのビジネスが、激しい競争や経済変動の中で、一体どのようにして生き延びているのか……そのカラクリを知りたいと思ったことはありませんか？

「なぜ、お客が入っていない店が潰れないのでしょうか」

実際たくさんの方から、こういった質問をこれまで何度もされました。実は、答えは簡単です。「いえ、それは思い込みで、大量の店が日本中で潰れています」。なぜならば、商売とは単純なもので、コスト以上の売上がなかったら潰れてしまうからです。オーナーの道楽で運営していて、どんなに費用がかかってもいい店もあるでしょう。ただしそれは例外的なケースです。

ですから、正確には「なぜお客が入っていない店が潰れないのか」ではなく、「なぜお客が入っていないように見えるあの店が潰れないのか」に問いを変える必要があります。市場環境がどう日本経済がどう、といった難しい話ではなく、ミクロな観点から個々の店が生き残っている秘訣を知る必要があります。不景気といっても全店が倒産するわけではないし、右肩下がりの業界でも全員が食えていないわけではありません。マクロな環境はひどくても、個人が生き残るくらいは工夫しだいでいくらでも可能です。このことは、個別の事例を見ていくと明らかです。

本書では、全9章にわたって、そうした「しぶとく生き残る」ビジネスの事例を紹介していきます。そしてそれぞれの成功要因を探り、その背後にある知恵と工夫を明らかにします。そうすることで、なぜ一部の事業者が今もなお独自の価値を提供し続け、多くの支持を集め続けているのかが見えてきます。商売を成功させる知恵と工夫は、フレームワークとして各章でまとめていますので、ぜひみなさんご自身のビジネスにも重ねてみてください。

私の本業は経営コンサルタントで、ビジネスモデルのさまざまな成功パターンを分析してきました。また、テレビやラジオのコメンテーターとして、各種商売の風向きについてしばしばコメントを求められます。本書では、そんな私の目から見て、ビジネスの成功要因の中でも特に重要で、普遍性の高いものを取り上げます。知恵と工夫によって生き残っている商売の要因を知ることは、みなさんが新たなビジネスを始める際や、既存の事業を見直す際の参考になるはずです。本書を読み終わったあと、みなさんが「儲け」にまつわる身近な疑問への答えを見つけることができたらとても嬉しく思います。

『駄菓子屋の儲けは0円なのになぜ潰れないのか？』目次

第1章

あの駄菓子屋は、儲けが0円なのになぜ潰れないのか？

第2章　あの商店街の傘屋はなぜ30年以上続くのか？

第3章 地方都市のあの個人経営店は、シャッター街の中でどうやって生き残っているのか？

第4章　街中をうろつくあの軽トラは、どうやって儲けているのか？

——焼き芋屋、不用品回収業者

第5章 期間限定のあのビジネスは、シーズン以外の時期に何をしているのか？
——的屋、かき氷屋、スキー場 …… 89

第6章

メイン通りの一本裏手にあるあの店は、本当に儲かっているのか？

第7章 気になるあの人たちは、どうやって食っているのか？

第８章 お客に嬉しいあの格安サービスで、店は儲かっているのか？
――100均、激安居酒屋、飲食店の大盛り無料、ソーシャルゲーム……147

第9章 タイパ時代に、ゆっくりなのにボロ儲けできるあのビジネスの秘密とは？

第1章

あの駄菓子屋は、儲けが0円なのになぜ潰れないのか？

――駄菓子屋、町中華、ジャズ喫茶、コロッケ店、酒屋、スナック、青果店

商店街で生き残っている店の共通点とは？

地方で商店街を歩いていると、多くの店舗が閉店していることに気づきます。私も地元に帰省すると近くの商店街を歩きますが、かなりの店舗が営業をやめています。しかし、それでも営業を続けている店舗もあります。その中には、たとえば駄菓子屋や、町中華、ジャズ喫茶、コロッケ店、酒屋、スナックなどがあります。一体、彼らはどのようにして生き残っているのでしょうか。

お客が来なくても潰れない

――駄菓子屋のビジネスモデル

昔ながらの駄菓子が並べられた店内に入ると、子どもの頃に戻ったようにワクワクしますよね。ただ、残念ながら現在ではその多くが姿を消しています。駄菓子はスーパーやコンビニエンスストアで手軽に買うことができますし、商品単価が10～20円ほどと低いため、売上を大きく伸ばすことがなかなか難しいのです。しかしそれでも、全店舗が潰れているわけではありません。

駄菓子屋が生き残っているケースとしてあるのは、「立地」に成功しているケースです。学校の近くや住宅街などは、子どもが集まりやすいため駄菓子屋に適した場所としてイメージしやすいですね。その他にも、たとえば介護施設や認知症グループホームなどに隣接しているケースもあります。これらは、店での個人的なつながりを生むことによって集客を増やすことを目的としています。たとえば施設の入居者がお孫さんらと入店して「この駄菓子、昔よく食べたなぁ」と話して会話のきっかけとしたり、交流したりする場所になっています。また、学校帰りの子どもたちにスペースを開放することで、シニアと子どもたちの接点としても機能しているのです。子どもたちも日常生活の中で、介護が必要なシニアたちと接する機会はなかなかありません。駄菓子屋が、憩いの場かつ教育の場としても機能しているのです。

また、そもそも駄菓子屋は自宅を店にしている場合が多く、その場合は店舗単体の家賃が必要ありません。さらに個人経営、家族経営が主流なので人件費がかからず、仕入れ価格も低いため、店を存続するのに必要な最低限の支出がさほど大きくならないのです。10円の商品を1000個仕入れても、1万円しかかからない計算です。駄菓子の賞味期限が比較的長いことも、在庫廃棄のリスクを減らしてくれています。つまり駄菓子屋は、たとえ最終的な儲けが0円であっても、なんとか経営を続けられるケースがあるということです。

さらに最近では若者の間でレトロブームが起きており、駄菓子のあのカラフルなパッケージや昔懐かしい店内が「写真映え」すると、SNSを通して話題になる場面が増えています。そこから進んで、昭和レトロを基調としたアミューズメント施設や地域イベントに出店する機会もあります。単に駄菓子を売るのではなく、駄菓子を選ぶ楽しさを味わう「体験」を売る工夫をすれば、これからもまだまだ集客のチャンスはあるのではないでしょうか。

トレンドに乗ってたちまち大盛況
――町中華、ジャズ喫茶のビジネスモデル

このところ町中華が人気ですね。町中華とは、地元の人たちに昔から親しまれてきた大衆向けの食堂です。少し前まで古臭くてやや入りにくい感さえありましたが、それが今やＳＮＳでは町中華に関する投稿があふれ、中高年男性ばかりではなく、若い男女が撮影しているものも多く確認できます。

この現象はいくつかの側面から解説ができます。まず、おしゃれさの反動であるということです。通常、ＳＮＳではおしゃれで豪華な食事の投稿ばかりが目につきます。しかし私たちは当然そのようなものばかり食べているわけではありません。たまには町中華を食べたくなる気持ちはよくわかります。また、それが結果として、他の豪華な料理のＳＮＳ写真と差別化を図っているでしょう。さらに、店のマスターと知

人になれば、手軽に好みの味にカスタマイズしてもらえる、そんな新鮮な「体験」に惹かれている人もいるはずです。接客のマニュアルがないからこそ、その店主の個性や人間性を感じることができます。加えて、レトロブームの一環として消費されている側面もあるでしょう。町中華の店内はレトロな雰囲気で、昭和生まれの世代にとってはノスタルジックですが、若い世代の人たちは、初めて見る光景に驚くかもしれません。今日ではもはや町中華が一つの珍しい店舗として受け止められているのです。

たしかに、潰れている町中華は数多くあります。しかしながら、潰れていない町中華の店舗は、うまく時代のブームに乗ろうと工夫しています。

時代のブームに乗ることは、もちろん悪いことではありません。むしろ徹底的に利用するべきではないでしょうか。そこで、次にジャズ喫茶の話をします。私はいろんなジャンルの音楽を聴くように努めていますが、ここ最近、人気が復活してきたのがジャズです。漫画『BLUE GIANT』を原作にした映画が大ヒットしたためですが、村上春樹さんなどジャズ愛好家の方々がずっとジャズの魅力をアピールしてきた影響もありました。

もともとジャズは日本では1920年代に新しもの好きの間で広がり、ジャズ喫茶、ジャズが流れるバーなどを生み出しました。ただし、そののちにロック、J－POPやK－POPの時代になったので、ジャズ喫茶など行った経験がない方が大半ではないでしょうか。そんな中でやってきたのが、近年のジャズブームです。

日本では野外でのジャズイベントが毎年数多く開催されています。もちろん、リスナーの数がK－POPなみとはいえません。しかし映画をきっかけにジャズを聴きたくなった方は相当に多いのです。実際に私がそうです。私は、マイルス・デイヴィスなど、ジャズの代表的なアーティストくらいは知っている程度のジャズ好きでしたが、ジャズバーに行くほどではありませんでした。しかし最近になって、生演奏を聴きに、「BLUE NOTE」（東京・南青山のジャズ・クラブ）に行きました。映画をきっかけにジャズに興味を持った人が増えたという話は、SNSや口コミでもよく見かけます。映画公開後にはSpotifyやApple Musicなどのストリーミングサービスでジャズのプレイリストの再生回数が増加しましたし、関連ワードの検索数も急上昇して驚きました。また、映画の影響でサックスを始めた人もいるとの投稿や報道もありました。

もちろん、前述したように昨今のジャズの人気の要因は映画だけではありません。でもこれまでは、ジャズに親しむためのこれといったきっかけがなかった人が多いと思うんですよね。「東京JAZZ」や「横濱JAZZ PROMENADE」など、イベントがあれば「行ってみようかな」と感じる人は多いはずです。そして、そういった方々が積み重なってリピート客になってくれます。もちろんジャズバーでは、たとえば映画の劇中のセットリストを再現するライブなんてものも開催できるので、映画から興味を持った人が、ジャズにリアルで触れるきっかけの場所としてぴったりです。

商売においては、こうしたトレンドと人々の心理を的確にとらえることが重要です。この機にしっかりと集客をしたことで、常連客をつかむようになったジャズ喫茶もあります。このように時流をとらえてしっかりと商売に利用するのがいいでしょう。町中華の中には、店内のあらゆるところで自撮りができるように、フォトスポットを紹介したり、スマホの設置台まで置いたりしているところもあるのですから、『BLUE GIANT』をからめてジャズ喫茶が自店の魅力を宣伝するのは当然といえるでしょう。

業界のブームを見逃さない

――コロッケ店、酒屋のビジネスモデル

また、町中華の隣にあるかもしれない、コロッケ店はどうでしょうか。もしかすると、ずっと継続しているコロッケ店を想像できるかもしれませんね。

コロッケ店は、他の飲食店よりも初期投資が少ないことで知られます。たとえば焼肉店であれば他の１・３倍ほどかかるといわれますが、コロッケ店はむしろ低く、他の５分の１ほどに抑えられます。その優位性があったため、かつては定年を待つことなく店舗開業を志した人たち（いわゆる脱サラ組）がコロッケ店のフランチャイズに加盟する流れがありました。ところで、５分の１というのはおおむね１０００万円。たしかに５０００万円の借金といわれたら心拍数が上がりますが、１０００万円だったらギリギリ自己資金でいけるかもしれません。

さらにコロッケ店の進出形態が興味深いのは、非常にローリスクである点です。たとえば、まずはコンビニエンスストア横の狭い敷地でやってみる、あるいはクリーニング店の隣でやってみる、などが可能です。初期の段階から不採算の店舗にならないよう場所に狙いをつけます。具体的には、人口が多く、人の流れが多い場所に特化します。もちろん読みが外れたら、さっと撤退することも一手です。

よい場所に店を構えることができたら、そこでメインとなるコロッケだけではなく、チーズ入り等の高価なコロッケも販売することで軌道に乗せます。伸びるチーズを使ったグルメが一時期流行りましたが、〝コロッケの世界〟にもブームがあるので、そこにも積極的に乗っていかねばなりません。

また、コンビニエンスストアが飽和している日本で、酒屋という形態もありますね。最近ではめっきり減りましたが、中にはしぶとい店もあります。その業界のブームに乗っかるという点では、酒屋も同じ傾向です。現在、おしゃれな「角打ち」があるのをご存じでしょうか？「角打ち」とは買ったお酒を店内で飲める酒屋で、そこが非常に写真映えする空間になっています。そもそも角打ちとは、実に見事なビジネスモデルでした。飲食店と違って、店側はさほど準備をするものがない。むしろ、酒屋自体で飲むわけですから、そのままでいい。しかも、追加の酒はいくらでもあり、乾き物を出せばつまみとして成立します。さらに回転率もいい。

かなりの数の酒屋は、酒の販売権利を得てコンビニエンスストアに鞍替えしました。それでも優れた銘酒を扱っていたり、地元密着でファンをつかんで離さなかったり、また「角打ち」で低コスト・高回転率のビジネスモデルを実現しているところは生き残っています。

その上で、たとえば店内の内装をレトロモダンなデザインにしたり、温かみのある間接照明を取り入れたりすることで、単なる「酒屋の立ち飲み」から「雰囲気を楽しむ場所」へと進化させられます。さらに、クラフトビールやナチュラルワインを取り揃え、トレンドを意識した品揃えにすることで、従来の角打ちにはなかった新しい魅力を打ち出せます。最近では、酒屋で購入したボトルを開けて楽しむだけでなく、バーテンダーが簡単なカクテルを作ってくれるスタイルの角打ち店も登場しています。

人を目当てにお客が集まる
――スナック、青果店のビジネスモデル

飽和する市場の中で生き残る秘訣。これはスナックにも当てはまる側面があります。というのも、私のビジネスパートナーが異常なほどのスナック好きで、しばしば連れて行かれるのですが、私がまず驚いたのは、明朗会計です。ぼったくりバーはあるかもしれませんが、ぼったくりスナックは経験したことがありません。しかも人の流れが多いところに立地しており、根強いなじみ客の存在があるため収益的に手堅いのです。さらに長居せずに帰るお客がけっこうおり、回転率もいい。聞いて笑ったのは、外国人のスナックはしご体験ツアーもあるのだとか。

もともとスナックは固定費も少ないですし、お客側が人を選んでやってくるビジネスです。酒の味は他店と同じでも、ママという個人や、そこで働いている方と話した

いからやってきます。とても特定の人物を起点としたビジネスですよね。

似た例では、地方で生き残っている青果店は、どのお客がどんな青果を買うかを記憶し、次回の訪問時にはその人に合わせた提案をするそうです。究極的には味の違いがわからなかったとしても、店主からのアドバイスに価値を感じている人が、その店を選んで訪れているのだろうと考えられます。

時流追随戦略

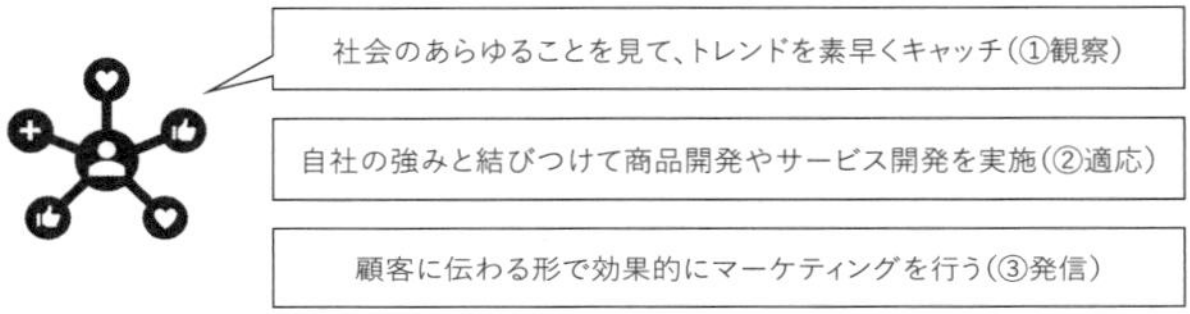

人的つながり強化戦略

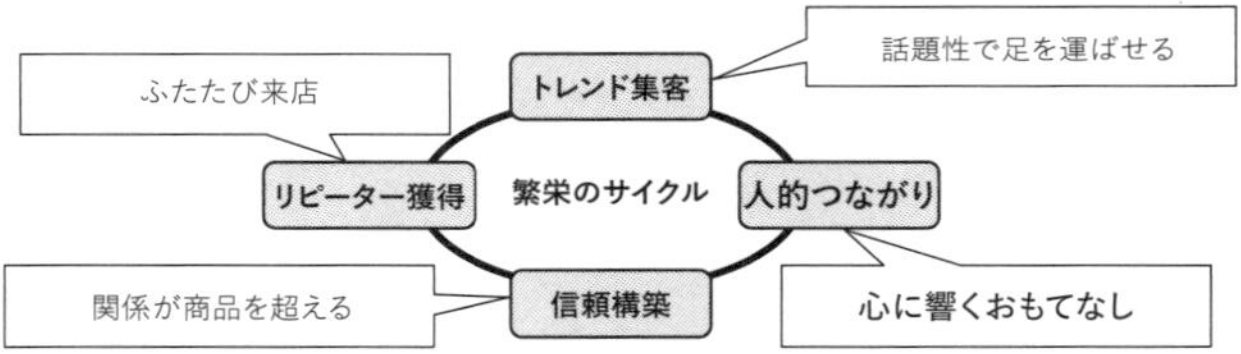

成功要因の分析

これらのビジネスをフレームワークで分析してみましょう。

「**時流追随戦略**」：各業態が、時代のトレンドやブームに巧みに乗り、ビジネスを活性化させています。たとえば駄菓子屋や町中華がレトロブームに乗って人気を博し、ジャズ喫茶が映画『BLUE GIANT』によって注目を集めたように、外部の流行を取り込み、ビジネスを活性化させる戦略が見られます。流行にうまく乗ることで、新たな顧客層を引き寄せ、売上を増やすことに成功しています。

「**人的つながり強化戦略**」**：**トレンドに乗って間口を広げると、新規顧客がやってきてくれるかもしれません。そうしたら、店主や従業員との個人的な関係が顧客を定着させます。町中華のマスターが好みにカスタマイズした料理を提供したり、スナックのママや青果店の店主が会話で顧客を楽しませたりするといった形で、単なる商品の提供を超えた「人とのつながり」を売りにします。このような関係構築が、リピーターの獲得や常連客の維持に大きく寄与しているといえるでしょう。

実践へのヒント　ビジネスモデルの応用

当然ではあるものの、時流をとらえるに越したことはありません。まさにこれが「時流追随戦略」でした。偶然の要素もありますが、現代は非常に動的で、消費者の嗜好や流行は急速に変化しています。

そこで、市場調査を定期的に行いましょう。雑誌はあまり読まれなくなりましたが、それでも自分がネットで検索しない情報があふれています。その他、SNS、各種メディアなどを通して、消費者の嗜好や流行を把握することが大切です。

また、小規模なテストを行いましょう。町中華が自撮りスポットやフォトスポットを用意したように、低コストで試せるアイディアをいくつも実施すれば、そのうちどれかは成功するかもしれません。

またコロッケ店の箇所でも書きましたが、できるだけ小規模展開から始めて、リスクを最小限に抑えておくことが重要です。中小企業ならばなおさらです。小規模なトライを試行し、収益性が確認できたら拡大するステップを踏みましょう。私の好きな言葉に「まずは生き残れ、儲けるのはそれからだ」（ジョージ・ソロス）があります。その通りだと思いませんか？　ですので、撤退戦略もあらかじめ準備しておきましょう。失敗を恐れずにチャレンジすることも大切ですが、うまくいかなかった場合には迅速に撤退できる準備をしておくことが重要です。コロッケ店がうまくいかない場合にはすぐに撤退することを一つの方針としているように、撤退時の損失を最小限に抑えるための計画を事前に立てておきましょう。これは店舗だけでなく、商品ラインやサービスの提供においても同様です。

加えて、コラボレーションを活用しましょう。もちろん著作権や肖像権があるので、流行しているコンテンツを無断拝借するのはご法度です。ただ、レトロブームのように特定のキャラクターがいないため権利が生じないものもありますし、ジャズ喫茶が映画『BLUE GIANT』を（画像を使うのではなく）広告のフレーズでうまく誘導することはできるはずです。人気コンテンツの力をうまく活用して、幅広いお客の関心を引ける企画を考えられるといいですよね。

また、お客との関係構築は欠かせません。店主や従業員がお客と直接対話し、彼らのニーズや好みを理解することが重要です。それによって信頼関係が強化されますし、人間は誰しもが承認欲求を持っているので、小さな情報でもお客の特徴を覚えておくことで、確実に親しみが増します。

ところで、私の高校の同級生が地方で調剤薬局のチェーン店を経営しています。読者のみなさんは、おそらく調剤薬局を訪問することはさほどないでしょう。私は年に1回行くか、行かないかです。私はあるとき、その同級生に「薬剤師の人事評価はどのようにするのか」と訊いてみました。

聞いてびっくりしたのですが、どうも薬のことをお客に説明しすぎると「そんなことはわかっているよ！」と怒鳴られたり、「おれは重篤な患者じゃないんだから、医者がそんな重症患者向けの薬を処方するはずがないだろう！」と激昂されたりするようです。しかし、お客の様子を瞬時に察知し、適度な長さで説明したり、こまめに挨拶をしたりすると、なんと薬剤師の指名が入るようなのです。

お客によっては「○○さんから説明してほしいから、車で20分ほどかけてやってきました」というケースも頻繁のようです。私からすると調剤薬局は他店との差別化が難しいと思っていたのですが、コミュニケーションによってお客は明確な差別化ができるようです。やはり人間は人間に一番興味があって、店選びの際にも、人とのつながりが重要な判断基準となっているといえるでしょう。

第2章

あの商店街の傘屋はなぜ30年以上続くのか？

――傘屋、靴屋、タバコ屋、古本屋、ハンコ屋、畳屋

レトロな商品を売る店はどうやって生き残っているのか?

引き続き、商店街でしぶとく生き残っている店舗について説明していきます。多くの同業者が潰れているのに、まだ営業を続けている店です。

本章で取り上げたいのが、傘屋、靴屋、タバコ屋、古本屋、ハンコ屋、畳屋といった業態です。商店街では少なからぬ数の店舗が閉店しているのに、そのような一見レトロに思える店舗が生き残っている裏には、どのような工夫や秘密があるのでしょうか。

顧客満足度を高める取り組み

——傘屋のビジネスモデル

まずは、傘屋の事例を見てみましょう。読者のみなさんは、傘屋で傘を購入した経験はほとんどないのではないでしょうか。コンビニエンスストアやディスカウントストアで購入したことはあっても、専門の傘屋での購入はめったに機会がないでしょう。

そんな中でも生き残っている傘屋には、徹底的にカスタマーロイヤルティ（顧客が自分の店舗に感じてくれる愛着や信頼といったもの）を高める工夫をしている店舗があります。薄利多売戦略は大手の小売店にしか採用できません。だから小規模な店舗には、高級品を販売し、さらに他店に逃さない工夫が重要です。

たとえば、購入してもらった傘を永久に保証する傘屋があります。風が強い日には、傘が壊れてしまうかもしれません。そのときに、材料費程度しか費用を請求せずに修理をします。そうすると、そこまでしてくれるならとデザイン性の高い傘を購入しようとする動機も生まれます。さらに、その丁寧な対応によって、購入してくれたお客の子どもやさらに下の世代にも購買習慣が引き継がれるわけです。

また最近は、夏場に猛暑が続く関係で日傘が好まれます。たった10年ほど前であれば日傘をさす男性の姿はほとんど見なかったと記憶していますが、現在では珍しくありません。日傘の色は黒がメインですが、よりファッション性やオリジナリティを求めるお客もいます。そこで傘屋によっては、お客の家のタンスに眠っていた着物などを日傘にリメイクするという試みも行っています。これは、思い出の詰まった唯一無二のプレゼントや、形見の再利用にもなります。この修理やリメイクは、お客に訴求することに加えて、SDGsの観点でも優れた取り組みといえます。

もとはといえば、使い捨て文化が傘屋を減らしてしまっていたので、その逆行ともいえます。特定のニーズや顧客層に特化した商品やサービスを提供する「ニッチ・マーケティング」で、カスタマーロイヤルティを向上させる施策です。

なぜ本章でまず傘屋を取り上げたかというと、この傘屋が本書で私が伝えたいビジネスモデルの一つの象徴であり、生き残っている店舗のエッセンスが詰まっている気がしたからです。

チェーン店に負けないサポート

――靴屋のビジネスモデル

次に、靴屋を想像してください。今、地方都市で靴を買おうと思うと、ショッピングセンターにあるチェーン店くらいしかありませんよね？　昔は商店街などにも個人経営の靴屋がありました。しかし、トレンドがすぐに変わり、多様な種類の、さらにサイズ違いを数多く有しておかねばならないため、大手資本しか経営が難しくなった側面があります。

そんな時代に生き残っている靴屋は、販売よりもまず「修理」に力を入れている靴屋です。たとえば、他店で修理ができないと断られた革靴だったり、子どもの頃に履いていた靴を孫のためにリメイクしたりする作業は、大手の靴屋では個別の対応が難しく、小規模な店舗ほど得意といえます。修理に際してじっくりと話を聞くことで、お客との強固な関係も築けるでしょう。

　また私がニッチな観点から注目しているのが、警備員の靴を修理することを得意にしている靴屋の存在です。企業から一定量の仕事を継続的に受注することができ、安定的です。他には、足に障害のある方に向けて整形靴を販売している靴屋もあります。歩行を助ける靴を提供すれば、社会貢献にもなりますね。

　なお、私は普段カスタムオーダーの靴屋を愛用しているのですが、私の足型について詳細な情報を残してくれています。さらには靴磨きの指導やクリームやブラシの選び方まで指南してくれます。もはやただ靴を販売するのではなく、靴を通して知恵を販売してくれています。大量販売のチェーン店に勝つためには、単なる販売ではなかなか難しいということでしょう。

愛好家に選ばれる店づくり
――タバコ屋、古本屋のビジネスモデル

タバコ屋も、タバコ市場が基本的には右肩下がりになる中、定期的に買ってくれるお客、あるいは一度に大量のタバコを買ってくれるお客に支えられています。タバコ市場の縮少は個人ではどうしようもありませんし、タバコ自体は割引販売もできず、価格で他店と差別化はできません。となると、いかにお客個人とつながるかしか手段は残っていないわけです。

そんな中、生き残りを図るタバコ屋が行っている創意工夫を紹介します。まず有効なのは、品揃えの多様化です。みなさんも、街中のタバコ屋で、やたらとたくさんの種類を揃えている店を見かけませんか。見たことがない外国産タバコまで揃えていますよね。日本の代表的なものだけではなく、ニッチな層に向けて、広い品揃えを誇っ

ています。

私も喫煙者だった頃には、とにかく品揃えが多い店舗に行きました（現在は健康診断でE判定が連続したために、医師から紙巻きの喫煙を控えるように勧められ、加熱式を多少楽しむ程度です）。従来の紙巻きタバコに加え、近年人気が高まっている加熱式タバコ製品を積極的に取り扱ってお客のニーズに応えていました。タバコは値引き競争がないために粗利益を稼げないといわれています。だから、お客からリピートしてもらうことが非常に重要なのです。

さらなる工夫としては、路上近くで灰皿を提供し、まずは店のそばまで近づいてきてもらうという手も見られます。そして店内に誘導し、そこで葉巻やパイプタバコなど、嗜好性の高い商品を豊富に取り揃えることで地元の愛好家からの支持を集めている店もあります。

また、タバコ以外の商品やサービスを提供することで、収益源の多角化を図る店舗も見られます。たとえば、コーヒーや軽食を提供するカフェスペースを併設したり、喫煙具や関連グッズの販売を強化したりして、タバコ以外での収入を確保しています。これからは喫煙家のコミュニティの形成とか、新商品を試すイベントとか、グッズを販売するなどの工夫が今まで以上に必要ですね。「大人の嗜好品ショップ」として進化し、タバコ＋α、たとえばウイスキーやコーヒー、チョコレートなどと組み合わせて提供する店も出てくるのではないかと私は考えています。

また、タバコ屋と似た業態に古本屋がありますね。そもそも今はスマートフォンの普及もあって、電車で本を読んでいる人をあまり見かけません。私は電車で、出版社の知人と、新聞社の知人を別々の機会に見つけたことがあるのですが、両者ともスマホの有名アプリでネットニュースを見ていました。出版業界の当事者２人とも、紙の媒体で本も新聞も読んでいなかったわけです。

それでも書籍が好きな人はいますし、電子化されていない書籍や、ただただ紙の書籍が好きな人もいます。あの茶色く変色した古本は、もともと樹木の成分のリグニンが紫外線によって年を取ったものです。古本からほんのりと甘さが匂うのは、そもそも古書が植物だったためです。だから古本は嗜好品としてとらえるべきです。嗜好品である以上、その古本屋に何らかのブランド力や魅力がなければ、お客が選んで入店しませんよね。ただでさえ大手のチェーン店が大量に古本を買い取り陳列していますので、個人商店が勝負を挑むのであれば、それなりの工夫が必要です。

たとえば、理数系に特化した古本屋があります。理数系の専門書だけではなく、理数系に関係する絵本や小説まで並んでいます。さらに生物や土壌に詳しくなれるよう、顕微鏡まで覗ける徹底ぶりです。こうなると、古本屋という一つのコミュニティといえるでしょう。

といっても、これは理数系だけが生き残るという話ではありません。大手のチェーン店に勝つには、何か尖った特徴を打ち出し、好みの合致したお客と密接になってリピートしてもらうしかない、という話です。そしてジャンルごとに「あの店に行けばきっと見つかる」という期待感を持ってもらうことが必要です。今のネット社会では古本をただの商品ではなく、「文化や歴史の一部」として扱い、珍しい装丁や絶版書籍などを取り揃えることで、「この店に来ればただの買い物以上の価値が得られる」という付加価値を訴求していかねばなりません。

さらに、特定のテーマで書店の区画を貸し出し、本の目利きたちが書籍を販売する試みもあります。たとえば「植物」をテーマにした本を持ち寄って、本を選ぶだけではなく、お客同士の交流も促進するものです。また、本をいくらでも読めるというコンセプトで「泊まれる本屋」という取り組みもあります。宿泊しながら、大好きな本に囲まれて過ごすことができます。書店そのものでは儲からないかもしれませんが、蔦屋書店がスターバックスを併設するような取り組みを行う個人書店版はありうるでしょう。

つまり「この店でしか味わえない魅力」を感じられるような工夫の継続が求められるのです。それこそが、大手チェーン店とは一線を画す個性となり、お客との長期的な信頼関係を築く鍵です。

新しい魅力を知ってもらう

——ハンコ屋のビジネスモデル

では、ハンコ屋はどうでしょうか。ハンコを使う機会は着実に減っています。会社では電子印、個人でもマイナンバーカード、または生体認証などが広がり、今後もさらに広がっていくのは確実です。とすれば、生き残るにはハンコという商品の位置づけを変えるしかありません。嗜好品としての新しい魅力に気付いてもらうのです。

まず高級化から。ハンコの持ち手部分の素材を高級木材や金属でカスタマイズするサービスがあります。またアクリルやガラスの透明素材を活かして、現代的なデザインに仕上げて高級化を図る店もあります。さらに、ペンダントやキーホルダーとしても使える「アクセサリー印鑑」というのもあります。ネットで調べればたくさん出てくるのですが、それで売れるかはネーミングとＰＲしだいですね。専用の台座とセットにしてインテリアとして飾れるハンコもあります。

たとえばこのところバズったのは、ものすごく精密で細かな二次元バーコードを彫ったものでした。緻密さや技巧がすさまじく、その加工技術が、見る人の驚きを誘ったのです。単なる印鑑ではなく、工芸品としての価値を打ち出すことで、新たな市場を開拓しました。押印することでコードが読み取れ、デジタルとアナログの融合が楽しめるという点で、多くの人の関心を集めました。デジタルではないハンコは、実物そのものが驚けるものでないといけません。その意味で、二次元バーコードを彫ったハンコは見事でした。また、お客が彫ってほしい名言を元にハンコ化するのも面白い試みです。押すための道具から、持っていて楽しい、さらに他者に話したくなる（だから口コミも発生しやすくなる）道具へとうまく昇華させたのです。

時代のニーズに合わせて形を変える

――畳屋のビジネスモデル

では次に、畳屋はどうでしょうか。伝統的な日本家屋には欠かせない畳ですが、住宅の洋風化に伴い、その需要が減少しているのは仕方がないところです。しかしそんな中でも、畳縁《たたみべり》を利用して、カードケースや文具などを生産し販売している店がありますす。また、ハンドメイド教室に販路を拡大する例もあるようです。なお、コロナ禍で話題になった畳屋は、漫画『鬼滅の刃』のキャラクターフィギュアを置いて飾れるミニ畳を生産したところ、注文が殺到していましたね。集客の方法が折込チラシなどの紙媒体しかない店舗も多い中、ネット販売を通じて日本全国、そして世界各地に届けていました。その他、コースターやランチョンマットなど、絵柄のバリエーションが豊富な畳グッズがたくさんあります。

このような時勢に合わせた上手な転換も、発想しだい、ということでしょう。これまでとは違う新しい形で畳に出会った人が、イグサのいい香りやクッション性など、畳が本来持っている魅力を再発見することもあるかもしれません。

ニッチ・マーケティング

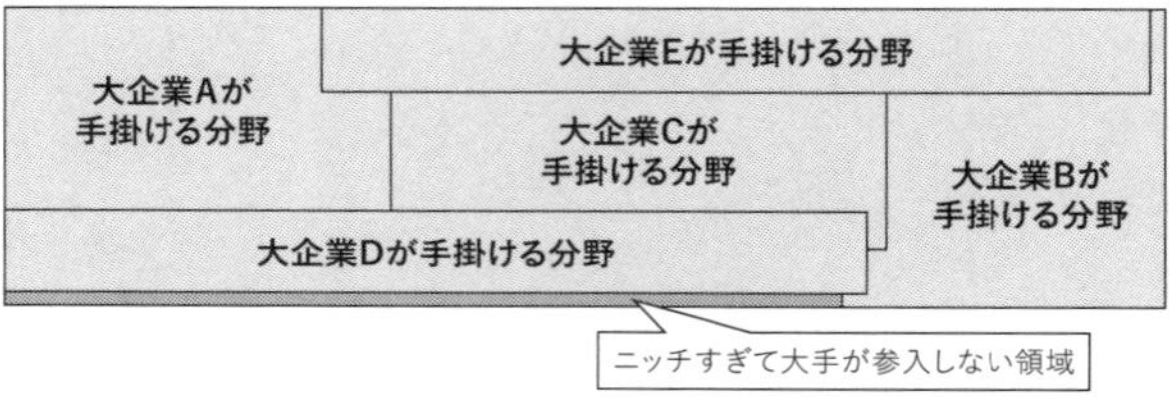

生涯囲い込み戦略

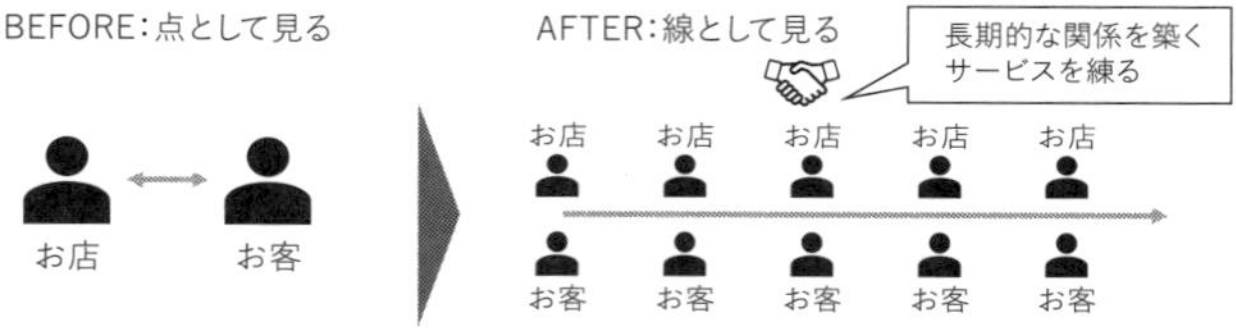

成功要因の分析

これらのビジネスをフレームワークで分析してみましょう。

「ニッチ・マーケティング」：どれも一般的には市場が縮小しているか、競争が激化している業界です。その中で生き残るためには、特定のニーズや顧客層に特化した商品やサービスを提供しなければなりません。たとえば、日傘のリメイクや靴の修理、理数系に特化した古本屋など、ユニークな切り口でニッチ市場を狙っています。もしかすると多額の客単価は取れないかもしれませんが、生き残るには適した戦略でしょう。

「**生涯囲い込み戦略**」：多くの店舗が、単なる商品販売にとどまらず、アフターサービスやカスタマイズ、リメイクサービスなどを通じてお客との長期的な関係を築き、リピート客を確保しています。たとえば、永久保証を提供する傘屋や、足型情報を詳細に保存する靴屋など、お客の信頼を深める取り組みが行われています。新規顧客の開拓も大切ですが、こうした「一度お客になってくれた人を離さない」戦略は非常に重要だといえるでしょう。

実践へのヒント　ビジネスモデルの応用

ニッチ・マーケティングを成功させるためには、当然ながら、「他店が昔のまま継続している一方で、自店で新しくできること」を考えねばなりません。他店とは異なることをやらなければ差別化ができないですからね。そこで、多額の資本を必要としない方法を、掛け算で考えましょう。たとえば、傘屋が着物をリメイクして日傘を作るように、既存のリソースを発展させることができないでしょうか。案外身近なところに、お客が喜ぶ新しいアイディアがひそんでいるかもしれません。

カスタマーロイヤルティの強化は、商売が生き残るために重要です。結局ビジネスはお金が続けば潰れません。潰れるのは現金が枯渇するときです。そこで、もちろん新規顧客を増やすのも大事ですが、同時にすでにつながっているお客との関係を強固にすることが重要です。たとえば、傘屋が永久保証を提供するように、購入後のケアやサポートを充実させることで、お客に「この店を選んでよかった」と感じてもらうことができます。みなさんはお客の何を知っているでしょうか。個人情報だけではなく、商品の購買歴などを把握しているでしょうか。そして積極的にコミュニケーションを取っているでしょうか。Google Mapで飲食店のカスタマーレビューを見たことがありますか？　味についてのコメント以外に、店員から無礼な接客をされたとか、逆に店員の感じがよかったといったコメントがたくさんありますよね。店がお客との関係性を強固にすることは、それだけ店舗にとって生命線になるといえるでしょう。

加えて当然ながら、お客のニーズは時間とともに変化します。普段からお客と対話していれば、その声から新しいニッチサービスを発見することができる確率も高まります。大企業ではなく、中小個人の店舗であれば勝てるのは実践の早さです。お客からのフィードバックを積極的に収集し、それを基にサービスや商品を改善していきましょう。

第3章

地方都市のあの個人経営店は、シャッター街の中でどうやって生き残っているのか？

――帽子店、生花店、文具店、手芸店

シャッター街が生まれる理由とは？

第1章と第2章にわたって、シャッターを下ろしている店舗が多い商店街の中で、生き残っている店のビジネスモデルを紹介してきました。ニッチ・マーケティング等によって活路を見出している事例をあげましたが、そもそもシャッター街には、構造的な問題があるのです。第3章の内容に入る前に、その問題について簡単にお示しします。

結論からいうと、シャッター街増加には、地方都市が空洞化で苦しんでおり、大型ショッピングセンターに人がどんどん吸い込まれていることが背景にあります。そこで気になるのは、商店街がうまくいかないのなら、なぜすべての店舗の場所が大型ショッピングセンターに入れ替わってしまわないのか、という点です。

その大きな理由が税制です。商店街の店主からすれば、店舗はうまくいかなくても更地にしてしまうと多くの税金を支払う必要が生じます。しかし店舗の2階に住み続ければ住宅用となりますから、税金的には支出が少なくなるのです。ですから、シャッター商店街は必然の産物ということもできるんですよね。

そういった地方都市の現状がある上で、実は全国各地で、行政の支援によって商店街を盛り上げるイベントが多く開催されています。たとえば、行政の職員がまず積極的に昼食等を商店街で取ることで、商店街の中の店を盛り上げていくものがあります（さすがに利用の強制はできませんが）。

また別の面白い試みとして、「１００円商店街」なるものがあります。これは文字通り、各店舗が１００円で売れるものを持ち寄って集客を図るものです。野菜や肉だけではなく、靴下やマッサージなんてものもあります。

この取り組みが秀逸なのは、コンセプトがわかりやすいため、メディアにも取り上げられやすいことです。結果として多くのお客を引き寄せ、各店舗の収益増加に貢献しました。また商店街の店主らの協力によって、シャッターが閉じている店舗を一時的に希望者に貸し出すサービスも行われています。

それでも、個別の店舗を見てみると、これまでに紹介した以外にも、潰れないのが不思議な業種の店ってたくさんありますよね。本章では、それらの店が生き残っている理由を見ていきます。

必要としている人に確実に届ける

——帽子店、生花店のビジネスモデル

まず紹介するのが帽子店です。日本人が帽子をかぶるようになったのは、実はそう昔ではありません。もともと明治時代に欧州から入ってきた文化です。麦の栽培がさかんだった地域で、麦の収穫後に余った麦から日本流の帽子が編まれ始めました。木型を使ってミシンなどで作成する技術は昔から変わっていません。ハンドメイドのものは職人技が基本です。とくに日本人の頭の形は欧州人のそれとは異なるため、カスタムメイドのものが長時間の着用でも疲れないといわれます。

以前であれば、何かイベントがあるたびに帽子を新調していたような方もいましたが、現在ではなかなか帽子の新調はしないでしょう。そして、ここが逆説的なのですが、それゆえに生き残った帽子店には競争相手が極端に少ないのです。周囲にライバ

ルの帽子店がありません。しかし、比率は少ないとはいえ、ハンドメイドでカスタマイズされた帽子を欲する人は一定数はいるのです。評判のいい帽子店にはその店がある都道府県以外からもお客がやってきます。ハンドメイドの帽子一つあたりの客単価を２万円とすると、１日２～３人の売上だったとしても１５００万円くらいの年間収益にはなるわけです。

つまり、生き残っている帽子店には、ニッチではあるけれど、高付加価値の商品を限られたお客に販売して生き延びるというしたたかなビジネスモデルがあります。

同様の形態に、生花店がありますね。生花店は現在、これまでとは違う用途で生き残りを図っているケースが多々あります。それは、推し活の花に特化したものです。アイドルやキャラクターを応援する一環で花を贈る需要に注目したものです。そういえば、目黒蓮さん主演の傑作ドラマ『トリリオンゲーム』（ＴＢＳ系列）でも主人公たちは花を贈るサイトを立ち上げていました。

たとえばアイドルのライブ会場や、キャラクターのイベントなどに花を贈るシーンは容易に想像ができます。また、繁盛している生花店はしっかりと推し活の対象を把握し、お客にどのような花が似合うかをアドバイス・コンサルティングする場合が多々あります。そして、贈った花についてアイドルがインスタライブ等で言及してくれたら、そこでふたたび注文を呼び込む仕組みです。

また生花のジャンルでも販売チャネルを増やそうとする動きがあります。実際に新潟市には花の自動販売機があり、日替わりのブーケなどを販売しています。帰宅時や外食時に突然、花が必要になる需要をつかまえるものです。

さらに、コロナ禍で自宅を飾ろうという風潮が出てきたのも追い風でした。外出を控えねばならずギスギスする世の中で、せめて自宅で癒やしを得たいと思うのは自然でした。現在、コロナ禍は収束に向かっていっていますが、生花業界にはよい影響を与えたといえます。

さらに見逃せないのが、本業以外の仕事を請け負って糊口をしのぐケースが増えていることです。みなさんの地域では、ネット通販で商品を購入したときに、見慣れない配達員から受け取った記憶はありませんか？　もしかすると、これから紹介するケースに当てはまるかもしれません。

というのも、ＥＣサイト各社が配達の一部を地域の商店に委託する場合があるからです。地域の商店は本業があまりうまくいかないケースもありますが、地域に根づいた強みがあります。また、配達網を構築している商店も多いでしょう。といっても複雑なシステムを持っているのではなく、自転車一つで軽々と荷物を届けることができるのが強みです。

ＥＣサイト側にしても、配達に固定費をかけるより、地域の方々に手伝ってもらったほうが得策です。商店側にしても、人材がいる場合には有効活用することができる、まさに双方にとってメリットのある戦略です。

購買意欲を高める演出

――文具店のビジネスモデル

文具店はどうでしょうか？　今では学校教育でタブレットやPCを使って遠隔授業を受けるケースが増えました。しかし、文具に強い関心を持っている人は今なおいます。文具の需要は金額として横ばいから微減なので、倒産・廃業が相次ぐ業態というわけではありません。とはいえ、文具を欲する人が店舗ではなくECサイトで買うケースは増えているはずですので、常識的な経営努力は必要です。たとえば、話題になった文具店として、ペンケースだけを全国から集めて展示した店があります。そしてそれを動画サイトで解説して流し、文具愛好家からの注目を浴びました。文具愛好家ならば旅行ついでにかならず立ち寄るでしょう。また、ワークショップやイベントを積極的に仕掛ける店もあります。結局はこのように、いかにニッチな領域を攻められるかがキモですね。

現代人はタブレットやPCをよく持ち歩いています。そんなとき、かさばるペンやノートはなるべく持ちたくありません。なのでたとえば、軽量の商品を勧めてみるのはいいアイディアです。実際に今はコンパクトな文具が人気ですし、そのようなニーズをとらえて商品を提案するかどうかで、お客からの関心と信頼の度合いは大きく違ってくるでしょう。私自身も文具店で「商談相手の前でスマホを用いてメモしていると、話を聞いていないんじゃないかと思われますよ」といったPOPを見てなるほどと思い、そこで提案されていた軽量ペンと小型ノートの組み合わせを購入しました。やはりその商品の必要性に気付かせるような売り方ができるのかしだいで、お客の動きは変わってくるということなのでしょう。

また私が興味深く感じたのは、見たことがある方も多いと思いますが、カフェの併設です。カフェと文具店は、組み合わせが抜群です。何かを書きたいから文具を買うのではなく、文具が売ってあるから買って何かを書いてみたくなるという面もあるのですね。買った文具を使ってみる場所として、カフェはとても適しています。前にも触れましたが、その商品と相性のいい他の何かを合わせて訴求することは、時に大きな効果を発揮します。

商品と出会う場所そのものに価値がある
――手芸店のビジネスモデル

手芸店も少子高齢化で厳しい状況が続いています。ただ一部、なんとか活路を見出しているのは、手芸品を使った教室だけではなく、他の領域へ果敢に進んでいる店舗です。たとえばフラワーアレンジメントや書道などを追加で手掛けることで、規模拡大を追求するものです。さらに地元の講師を活用することで、講師費用は抑えつつも、地元講師に仕事（とシニアの場合は生きがい）を与えています。手芸の魅力を追求しないわけではありません。ただ、お客が欲しているのは手芸がうまくなることだけではなく、経験や他者とのコミュニケーションです。さまざまな教室を開いて人を寄せ、そのワイワイとした雰囲気そのものを価値として提供しているのです。

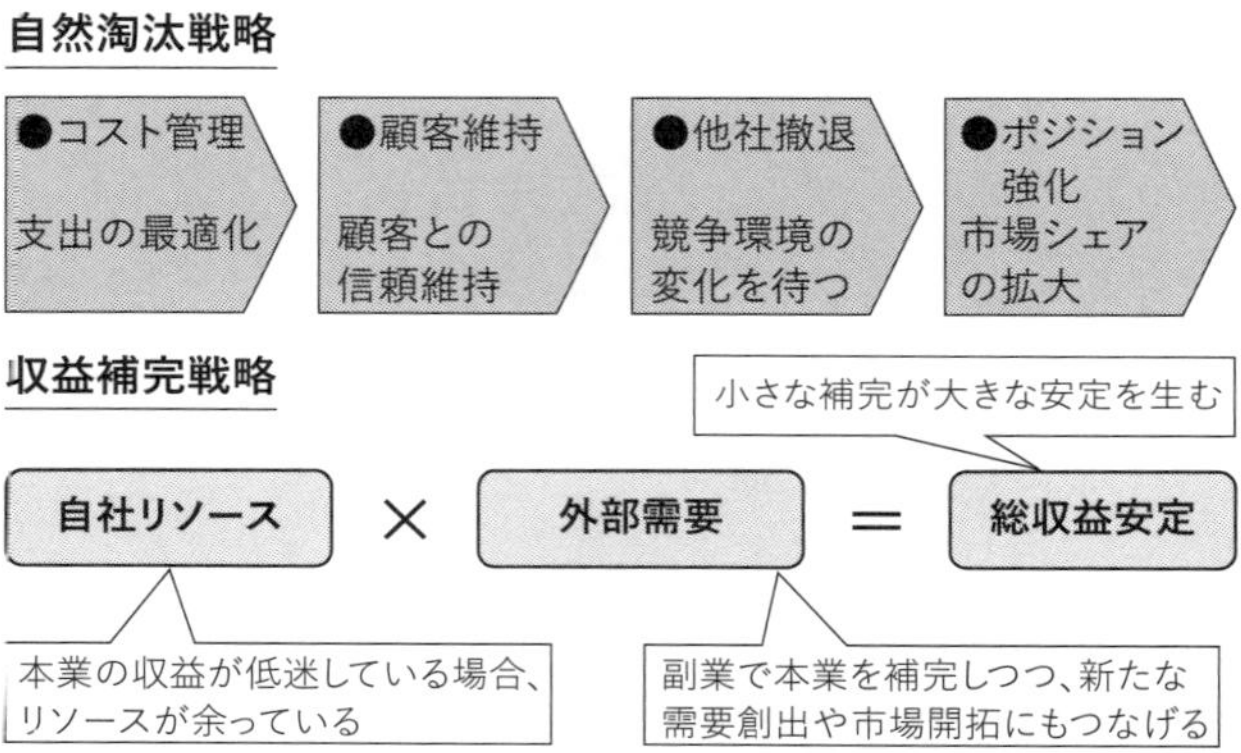
自然淘汰戦略
●コスト管理
支出の最適化
●顧客維持
顧客との
信頼維持
●他社撤退
競争環境の
変化を待つ
●ポジション
強化
市場シェア
の拡大
収益補完戦略
小さな補完が大きな安定を生む
自社リソース
×
外部需要
=
総収益安定
本業の収益が低迷している場合、
リソースが余っている
副業で本業を補完しつつ、新たな
需要創出や市場開拓にもつなげる

成功要因の分析

これらのビジネスをフレームワークで分析してみましょう。

「自然淘汰戦略」：これは戦略というよりも結果論に近い側面があります。他の店が倒産する一方で、自社は静かになんとか生き残りを図ることで、大きなリスクを取らずしてポジションを強化するものです。

派手な成長に注力せずに、コスト管理を着実に実践し、既存顧客との関係性も途切れさせないことで持続性を確保します。成長投資を抑えつつ現状を維持し、他社が撤退した後の残りの市場利益を収穫する戦略ともいえますね。その一例としては、生存者効果として、帽子店が全国から受注しているケースがあげられるでしょう。

「**収益補完戦略**」：本業だけではやっていけない場合、ある種の〝アルバイト〟によって自社の強みを活かすことも一手でしょう。かっこよくいうと「多角化戦略」になるでしょうが、生花店がＥＣサイトの配達を手伝うことは、「副業モデル」とか「リソース活用」くらいにいったほうがふさわしいでしょうね。

実践へのヒント　ビジネスモデルの応用

ここまでややネガティブな話が多くなってしまったのですが、前向きな話もしましょう。

地方の生花店がアイドルの推し活に使う花に特化することで、顧客のSNS拡散を促し、知名度を高めました。これに倣って、他のビジネスでも「顧客が他者に伝えたくなる要素」を取り入れるべきです。みなさんの商品を使って顧客がSNS等で自慢できたり、発信できたりする仕組みを作るのがポイントです。さらに、その推しの対象にみなさんの商品をもらった事実を宣伝してもらえるならもっといいですね。

実際に、サービスや商品を購入した体験をユーザー自身がストーリーとして発信することで、会社名やブランドの知名度が自然に広がるはずです。

アイドルファンのコミュニティでは、アイドル本人たちに花を贈ることが推奨されていますが、この手法は他の業種でも応用できるはずです。購買者の感想がＳＮＳで拡散され、新たな需要を生み出すのは、ＳＮＳ時代ゆえといえます。同じく、文具店でのワークショップやＰＯＰの展示も、愛好家仲間の間で話題になることで、店舗への来訪を促進します。エコーチェンバー内で得た「認知」が、新たな顧客を呼び込み、経済的循環を生み出すのです。

ところで、少し話が変わりますが、男性アイドルで有名なとある事務所が、コンサートのたびに客席を出身地が同じ人同士にしていたようです。この意味がわかりますか？　つまり、佐賀県から東京のコンサートに来ていた人が複数人いるとします。すると、彼女らを隣同士の席にしていたわけです。コンサートが終わって、帰り道もずっと一緒だと、自然に会話が始まります。そこでお互いが同郷だとわかると会話が盛り上がる。そうすれば次のコンサートに一緒に行くようになるでしょうし、ずっと連絡を取るようになって強固なファンダム（＝ファンの連携）ができるようになる。そうすれば男性アイドル事務所の経営もより盤石なものになるでしょう。それだけ「お客同士の紐帯」はビジネスに重要なんですよね。

また本文であげた例では、ニッチすぎる帽子店のビジネスが、実は競争が少ないことで生き残り、遠方からも顧客を呼び寄せていました。これは静かに生き残り、拡大もしないことで希少価値を高める逆説的な手法でした。傘屋や靴屋の事例でもあったように、新しく始めるビジネスは、すべての人をターゲットにするのではなく、特定のファン層に絞りましょう。大規模な顧客を相手にするのは大資本の会社に任せたほうがいいです。小規模な会社は希少価値を演出しましょう。

また、地域の商店がECの配達を請け負うように、リソースを本業以外に再分配して収益を上げる戦略も見逃せません。この手法は、不確実な時代に柔軟に対応するための「複数の柱」を育てる戦略ともいえます。かっこよくいえば、「人材アロケーション」というやつですね。生き延びるために経営を見直し、既存の業務以外の収益源を開拓したり、従業員を適切に配置したりする試みです。製造業でも、生産個数が減少しているのであれば、それまでのノウハウを活用して、他社向けのコンサルティング、教育、出張サービスなど、新たな業務を組み合わせられる可能性があります。

たとえそれではサービスの拡充が難しかったとしても、自社商品の魅力向上はできるでしょう。たとえば文具店とカフェの併設のように、別々のニーズを組み合わせることで新しい体験を提供できるはずです。お客が商品だけでなく「体験」に価値を感じるような場を提供することで、競合との差別化を図ります。私が思うには、ディスカウントストアのドン・キホーテはまさにその一例です。雑貨店と競合しているというより、アミューズメントパークと競合していますよね。

また、ぜひどんな業種であっても参加型の仕掛けをしてください。今はネットで何でも情報を得られる時代ですので、リアルな参加に勝る施策はありません。ワークショップや交流イベントなどで「学び」と「楽しみ」を同時に提供する場を作りましょう。商品のデモイベントや顧客参加型のイベントを併設することで、リピーターを増やせるかもしれません。

第4章

街中をうろつくあの軽トラは、どうやって儲けているのか？

──焼き芋屋、不用品回収業者

軽トラックを用いたあのビジネスは、なぜ長く続くのか？

街中を歩いていると、軽トラックの焼き芋屋や不用品回収業者に遭遇することがあります。とくに、冬場の焼き芋屋は、あの特徴的な売り声とともに、昔から冬の風物詩として多くの人に愛されています。また、不用品回収業者も、家庭やオフィスで不要になったものを手軽に処分できる便利なサービスを提供しています。

しかし、これらのビジネスがどのようにして利益を上げているのか、そしてなぜ長く続いているのかについては、あまり知られていないのではないでしょうか。この章では、焼き芋屋と不用品回収業者のビジネスモデルと、潰れない要因について探っていきます。

とにかくコストが安い
――焼き芋屋のビジネスモデル

焼き芋屋は、基本的には秋から冬にかけての季節限定ビジネスです。この季節感を活かし、限定感を演出することで、消費者の購買意欲を高めています。焼き芋屋はもともと、歴史を遡ると江戸時代に始まった古い商売です。街中を移動しながら販売することで、固定店舗を持たず、家賃などの固定費を削減しています。必要なのはイモと燃料費、後は売り手の人件費だけ。初期費用もリヤカーならば１００万円くらい。軽トラックならば２００万円から可能な、低費用で起業できるビジネスです。

また、焼き芋屋は、農作物を加熱するビジネスです。複数のイモを使っても、レストランのような複雑な商品管理は必要ありません。さらに、焼き芋屋はそれ自体が周知されており、移動販売時の売り声が日本人の食欲をそそります。江戸時代からの伝統に乗っかることができるので、マーケティングコストが不要なのです。

ちなみにお馴染みの石焼きの手法は戦後から登場したのですが、窯に敷いた石が70度でじっくりと焼くのでサツマイモがちょうど甘くなり、それが日本人好みといわれます。このところスーパーマーケットやディスカウントストアで焼き芋を販売するケースが多くなってきましたが、これも同様の温度に設定しています。

そして逆にいえば、こうした店舗で販売することが、世間での認知を高め、個人販売の焼き芋屋にとって追い風となりました。有名なところでは、ディスカウントストアのドン・キホーテがアジアの店舗で焼き芋を販売して集客していますよね。

技術的にも電気式の焼き芋オーブンが広がり、比較的経験の少ない方々でも販売に参入しやすくなったのです。その電気式のオーブンによって、「ねっとり」とした焼き芋も可能になりました。つまり技術進化によって、焼き芋の新たな味わい方が可能になったのです。焼き芋は「ホクホク」から「ねっとり」への食感革命という変化が起きたことで注目を浴び、再評価されました。

なお、先ほど私は「季節感を活かし、限定感を演出することで、消費者の購買意欲を高めている」と書きましたが、現在では、冷やしてスイーツとしての需要も高まっています。もしかすると、今後は通年で定番の食品となるかもしれませんね。

前述のように、焼き芋はこのところ好況にあります。その状況で焼き芋屋がいるということをまず理解しておきましょう。さらに焼き芋の原材料となるサツマイモは、比較的安価で入手可能です。これにより、原材料コストを低く抑えることができます。具体的には、原材料コストを販売価格の２割に抑えることができています。

飲食店はＦＬコストといって、Food＝原材料、Labor＝労務費が主なコストとしてあり、一般的には60％を占めています。それに対して、焼き芋屋がどれだけ優位性を持っているかがわかりますね。もちろん調理は必要です。ただし、調理に必要な機材や燃料も簡便で低コストです。焼き芋の販売価格は高めに設定されており、高い利益率を確保しています。

実はニーズが向上している

――不用品回収業者のビジネスモデル

次に、焼き芋屋と同じく軽トラックを使った移動型ビジネスである不用品回収業者のビジネスモデルを見ていきましょう。不用品回収業者は、家庭やオフィスで不要になったものを回収するサービスを提供しており、固定店舗を持たないケースもあります。もちろん、一部保管の倉庫を契約しているケースはありますが、それでも固定費を削減しています。また、回収作業を効率的に行うためのノウハウ（特定住宅街をどの時間にどのルートで周るか）を持っており、短時間で多くの回収を行うことができます。これにより、効率的な運営が可能となっています。とくに引っ越しシーズンや大掃除の時期には需要が高まります。

そのように考えてみれば単純で、不用品回収業者のビジネスモデルは次の二つです。

①お金をもらって不用品を引き取って廃棄する
②無償で（あるいはお金を払って）不用品を引き取って転売する

①についていうと、単なる回収だけでなく、リサイクルやリユースを行うことで回収品を再販売することも可能というわけです。これにより、収益の多角化が図られています。

ところで近頃、一般廃棄物の収集運搬業の届け出をせずに、詐欺的な費用を請求する業者の通報が相次いでいます。これは、はじめに安い金額を提示して、荷物をトラックに載せた瞬間に高額な対価を請求するものです。その後に断りにくいですからね。当初の見積書よりも高額な請求をされたケースでは、少なからぬ事例が社会問題化しています。そもそも家庭内の廃棄物を回収する場合は、市区町村の一般廃棄物処理業許可が必要で、それがなければ家庭内の廃棄物を回収することはできないのですけれどね。

もちろんそのような詐欺的な業者は論外ですが、不要なものが正しく回収され、再利用される社会は適正といえますよね。環境省は特定家庭用機器再商品化法（家電リサイクル法）の実施状況を発表しています。２０２２年度は１４９５万台と回収率が前年度から増加していました。スクラップ業者およびヤード業者による回収が５４２万台で、そのうち、不用品回収業者によるものが３７９万台もありました。

次に②についていうと、以前は「雑品屋」と呼ばれる業者が跋扈《ばっこ》し、不法に不用品を集め、さらに国外にスクラップとして輸出していました。「家庭で不要になったラジカセ、テレビ、エアコン、冷蔵庫、カメラ、無料で回収いたします」といったフレーズは多くの方が聞いたことがあるでしょう。さらに家具なども、海外では日本の中古品だとしても需要がありました。

しかし、現在では他の国々も豊かになった関係で、さほど海外転売の需要が旺盛ではありません。少なくともすべてを無料で回収してコストをかけてもペイするほどではありません。ですので、現在では雑品屋はめっきり見かけなくなりました。不用品回収業者はもちろん合法のビジネスですが、違法な廃棄がないか、常に行政が目を光らせています。

また、①②の両方に関連するところでは、断捨離のブームが続いていることも見逃せません。断捨離の過程で出た粗大ごみを回収してもらうのに、自治体に頼めば、かなりの日数がかかります。しかし業者に頼めば、すぐに回収してもらうことが可能です。掃除の後にすぐにスッキリしますので、需要があるのもうなずけます。さらにリサイクル、リユース、リデュース（ごみの量を減らす）といった３RはSDGsの観点でも推奨されています。また現在は終活ブームで、鬼籍に入る前に、大量かつ多様なものを捨てたいといったニーズもあるようです。つまり、不用品回収業者にはさまざまな点で追い風が吹いています。

低コスト戦略

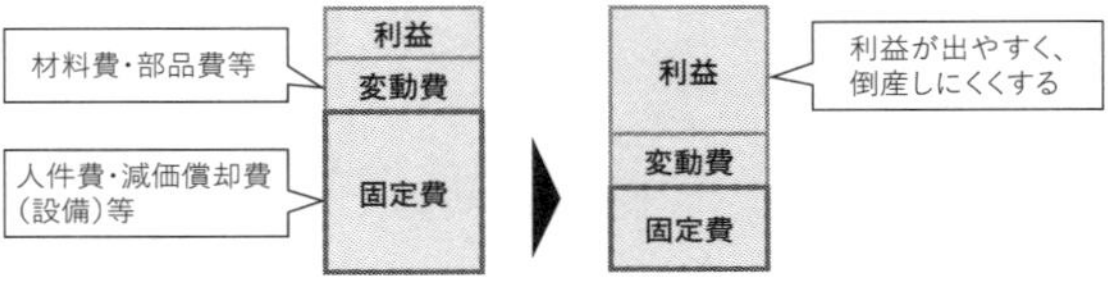

季節限定戦略

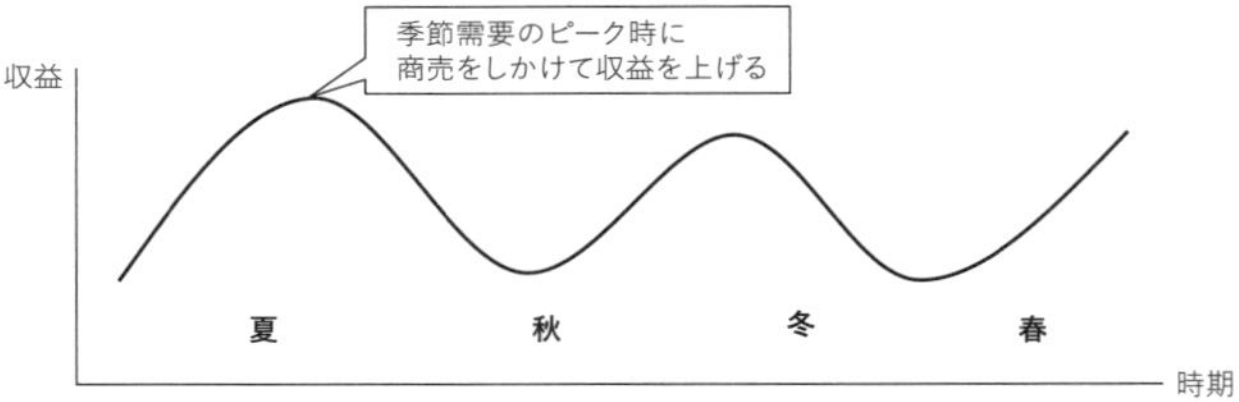

成功要因の分析

これらのビジネスをフレームワークで分析してみましょう。

「低コスト戦略」：焼き芋屋も不用品回収業者も、移動型のビジネスであり、低コストでの運営を実現しています。固定費を削減し、効率的な運営を行っています。

「季節限定戦略」：焼き芋屋は、季節限定の特別感を演出し、消費者の購買意欲を高めています。不用品回収業者は、季節限定とはいえないかもしれませんが、３Ｒの流行に乗ってただちに回収できるスピーディーさを武器に価値を提供しています。

実践へのヒント　ビジネスモデルの応用

さて、ここまで見てきたビジネスモデルですが、読者のみなさん自身のビジネスにどう応用ができるでしょうか。

焼き芋屋や不用品回収業者のビジネスモデルから、固定費を削減し、効率的な運営を行うことで、個人によっても高収益な事業を構築できることがわかります。

よく、まずは成功するビジネスではなく、倒産しないビジネスモデルを構築するよう勧められることがあります。すでに何度もお伝えしていますが、結局のところ、企業はお金が枯渇しなければ潰れません。なので第一に考えるべきは、お金が出ていく機会をできるだけ少なくすることです。具体的には固定費を削減しましょう。その上で、売上を上げるためには「他との差別化」というもっとも基本的な施策を考えねばなりません。そのもっとも簡単な方法は、すでに流行しているものに乗っかることと、そして他社より早く実践することですね。小規模事業者は資本では負けてしまっても、実践するスピードで負けなければいいのです。

本書で取り上げている身近なモデルを参考に、自身のビジネスに取り入れてみてください。

第5章

期間限定のあのビジネスは、シーズン以外の時期に何をしているのか？

——的屋、かき氷屋、スキー場

期間限定のビジネスとは？

本書の後半（171ページ）に、私がコンサルティング会社を作った話を書いています。設立当初は悪戦苦闘しました。しかし現在では運よく仕事に恵まれており、ほぼ休みがない状況が続いています。たとえば10日間、ずっと仕事があって、平日の1日が休み、という場合もあります。

そんなとき、中年の男性は行き場がありません。これは実話ですが、たとえば貴重な休みに私が公園でビールを飲んでいると、まず怪しい目で見られます。ポッドキャストを聴きながら散歩をしていると、「あそこの家のお父さんは、平日からブラブラしていた」といわれました。

一方で、私の妻は富山県出身で、周りには漁師がたくさんいます。つまり、一定の期間しか働かない人がたくさんいます。気候が安定している春から秋までは出航する機会が多いとはいえ、海が荒れる冬には休むしかありません。そして、それは当たり前のこととして、周囲が受け入れています。だから漁師のお父さんが昼間からパチンコに興じていても、とくに何の問題もない社会です。さらに歩合給がほとんどで、年収が１０００万円を超えている漁師はまったく珍しくありません。

ところで、期間限定と思われる代表的な仕事に的屋がありますね。お祭りに欠かせない屋台を出している人たちがそうです。縁日で綿あめや焼きそばなど何らかの食べ物を買った経験は誰にでもあるでしょう。実は的屋は、江戸時代から存在するとされています。他にも、戦後には闇市などで露店がさかんになったので、そこをルーツとする説もあります。ルーツはどうあれ、この的屋というのは、一体どのようなビジネスモデルなのでしょうか。

季節にとらわれない商売との両立

——的屋のビジネスモデル

もしも年に1回1日だけ働いて1億円を儲けられたら、その他の日は遊んでいてもかまいませんよね。では、的屋の実際の売上や原価はどれくらいなのでしょうか。

これはよくいわれる通り、屋台の中では、綿あめがダントツに原価率が低いといわれます。コストはバーナーと砂糖だけですからね。またかき氷、粉物も原価率が低いです。

1日6時間ほど開店したとしましょう。そして、2分に1個の商品が売れ、さらに客単価が800円とします。800×30×6≒14万円です。いくつかの現場報告として、1日に売上が15万円というのを見ました。ですので、さほど遠くない数字なのでしょう。ですが、このすべてが儲けになるわけではありません。光熱費や人件費がありますし、材料費もかかります。

また他の支出として、互助会費があるといわれます。いわゆる場所代としての会費ですね。これらを引くと、必ずしも儲かる仕事とはいえません。

的屋業は正月の期間がもっとも忙しく、その後、花見の需要、夏祭り、秋祭りの需要と続きます。そこで稼いだお金でゆっくり次の祭りまで休む人もいれば、時間があるときには建設現場等で働く人もいるようです。お金があるなしにかかわらず、まったく何もしないのは精神衛生上よろしくない面もありますから、アルバイトをするのはよく理解できます。

昨今では少子高齢化で子どもの数が急激に減っています。さらにコロナ禍中は外出の機会やイベントが減少し、その期間中の経営は相当に厳しいものでした。また今ではインターネット通販が充実していますし、祭りがあっても、少し歩けばコンビニエンスストアがあるので、一般の人はおそらくそこまで大量買いはしないでしょう。これらさまざまな面で、的屋には逆風の時代といえます。

そんな中で努力している的屋は、これまでの屋台を中心としたモデルから脱皮し、キッチンカーを購入し各地を回っています。「ネオ的屋」「的屋2・0」とでも呼ぶべきでしょうか。第4章で似た例を取り上げましたが、キッチンカーでのビジネスは初期費用を比較的低く抑えられます。また祭りやイベントに限らず、どの時期でも出店場所を確保することができるので、その点では自由度が高く、儲かる道をより広い視野で探すことが可能になるでしょう。その際、的屋稼業で手にした人脈をうまく使えば、手持ちのトラックや他の資材で新たに始められるビジネスのトレンドを、いち早くつかむことができるかもしれません。

シーズン以外の時期でも集客する
――かき氷屋、スキー場のビジネスモデル

期間限定と思われている具体的な商品として、かき氷があります。かき氷が注目さ

れ始めたのは、２０１１年でした。というのも、東日本大震災が生じ、日本全体で節電が要請されたのです。日本の電力会社は、宣伝広告費を使って「自社の電気を使わないでください」と逆マーケティングを実施しました。綱渡り状態だったとはいえ、日本全体でなんとかブラックアウトが起きなかったのは誰もがご存じの通りです。

しかし、私が注目したのは、節電時代に売れた商品が「ミニ扇風機」「制汗剤」「かき氷」だった点です。いずれもエアコンを思い通りに使えない社会的要請が生んだヒットでした。かき氷というもっとも原始的な〝体を冷やす手法〟が注目されたのです。ひさびさにかき氷を食した人が増え、そのおいしさがあらためて認知されたことで、夏だけではなく冬にもかき氷を食す流れが生まれました。

たとえばクリスマス限定のかき氷を提供する店があります。かき氷をメレンゲでくるんでバーナーで軽く焦がし、ラム酒をかけたものも話題になりました。このように一つの社会的な事件をきっかけに、特定の商品が注目を浴びていくのは非常に興味深い事象です。

さて、季節限定と思われている別の商売として、スキー場がありますね。スキーといえば冬のスポーツの代表ですが、しかし夏場に何も提供しないのはもったいないので、多くのスキー場では、夏はアクティブに運動して楽しめる施設として活用しています。

たとえばスキー場がそのまま夏にはキャンプ場やグランピング施設になるケースがあります。また冬は稼働していない観覧車などを夏場に稼働させるなどの工夫もされています。森林浴、トレッキング、カヌー、マウンテンバイク、乗馬経験、逆バンジージャンプ（トランポリン）、パターゴルフ、ハイキング、マウンテンカート、ブランコ、大型スライダーなどを組み合わせることで、さまざまなアクティビティを楽しめるようになっているのです。冬場とはまったく違った訴求性を持たせるわけです。屋内プールなどを同時提供する施設もあります。

なお私は、新潟や長野に家族を連れて年末だけではなく夏場にも遊びに行きます。すると夏と冬でまったく違った側面が楽しめます。夏場に子どもらは、マウンテンバイクやカヌーで楽しむ一方で、大人は景色を楽しみながらコーヒーやアルコールを楽しむことができます。

もちろんサマーゲレンデといって夏場でもスキーを楽しめる施設もあります。だから冬場だけしかスキー場が稼いでいない、というイメージは持たないほうがいいでしょう。季節ごとに異なる商品やサービスを提供することで、年間を通じて客足を維持しているのです。

成功要因の分析

これらのビジネスをフレームワークで分析してみましょう。

「**水平展開型モデル**」：もちろん前提としては、特定の季節やイベントなどで「稼げるときに稼いでしまえ！」という側面はあります。短期集中型の収益モデルといえるし、実際に商売をしている人の中にはそう考えている人もいるでしょう。しかし成功しているモデルでは、自分たちの強みを活かして、それを水平展開しています。

特定の季節に特化しないで、違う季節にも提供できないか考えてみる。季節に依存する制約を乗り越えようとする工夫の数々が参考になります。的屋は屋台という枠を超えた「ネオ的屋」としてキッチンカーで年間営業に取り組んでいます。また自分の人的資本を考えたときに、的屋で築いた人脈を使って建設現場等で働いている人もい

水平展開型モデル

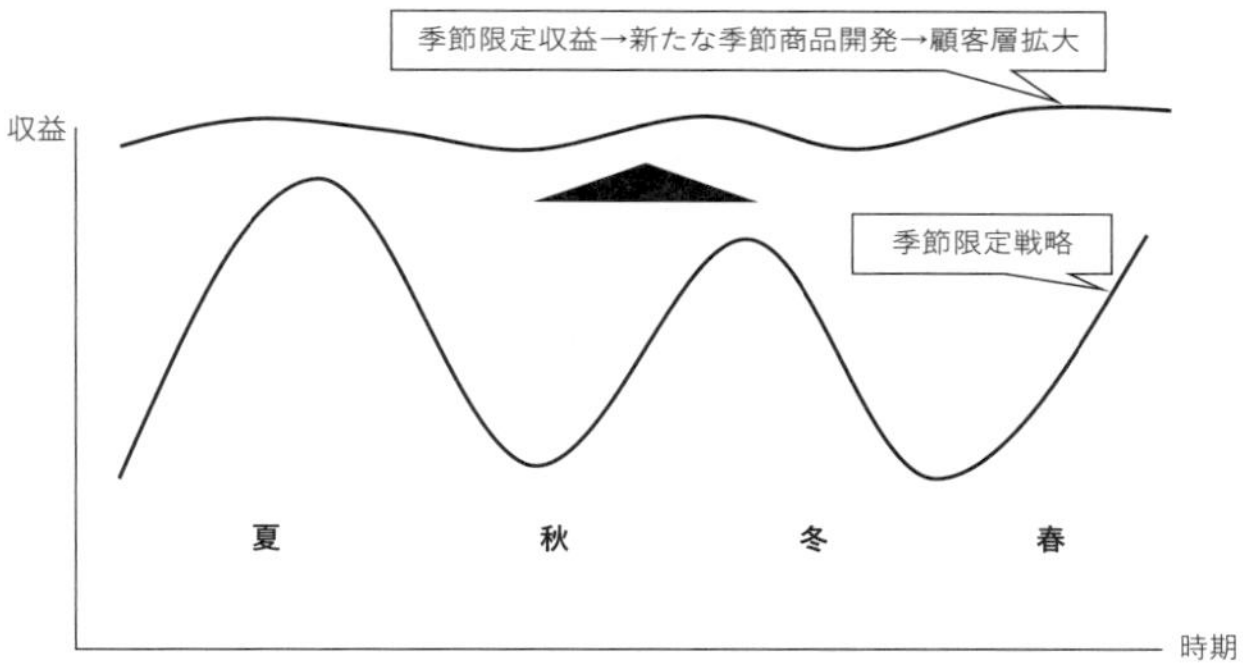

ます。あるいは地元のコミュニティと連携することで、これまで参加していなかったイベントにも積極的に参加するなどといった事例もあります。

もちろん商品を販売するのであれば、違う季節に買ってもらう創意工夫が重要です。かき氷屋は現代においても需要を見出すことに成功しています。その背景には、単なる氷にシロップをかけた商品から脱却し、見た目の美しさやユニークな味わいといった付加価値を提供する形への進化があります。

たとえば、真冬であっても新感覚のかき氷を提案することは、その象徴的な例です。季節商品と見なされがちなかき氷でも、アイディアしだいで年間を通じた収益化が可能です。

スキー場の事例もまた、季節性を超えたビジネスモデルの成功例でしょう。かつては冬場にしか活躍の場がないと考えられていましたが、多くのスキー場が夏場にはアウトドアアクティビティの拠点として生まれ変わりつつあります。たとえば、グランピング施設としての展開や、マウンテンバイク、カヌー、森林浴などのアクティビティを提供することで、新たな顧客層を獲得しています。また、家族連れをターゲットにしたマーケティングも奏功しています。子どもが自然の中で遊ぶ間、大人がリラックスできる環境を整えることで、「家族全員が楽しめる場所」という新たな価値を提供していますね。

結局のところ、成功の鍵は、季節性というリスクをどう管理し、収益を分散させるかにあります。これらのビジネスが示すのは、単に期間限定の需要に応じるだけではなく、環境の変化や顧客の期待に柔軟に対応することが、長期的な成功につながるということです。

実践へのヒント　ビジネスモデルの応用

みなさんのビジネスが季節に特化している場合、そこから脱却することはできないでしょうか。たとえば、冬場にも冷たいものを、夏場にも熱いものを提供できないでしょうか。

商売を成功させるためには、季節や環境による制約を、そして他事業者の制約をうまく破る方法を考えましょう。自分だけでも思いこみから自由になればいいのです。つまり、制約を新たなチャンスととらえる視点が必要です。

的屋、かき氷屋、スキー場の事例が示すように、単に「稼ぎ時」に集中するだけでなく、ビジネスモデルを拡張する努力が長期的な収益につながります。この考え方を応用すれば、現在の季節限定ビジネスにも新たな可能性が見えてくるでしょう。

たとえば、冬場にもかき氷を販売する際には、単に「冷たい」という特徴を訴求するのではなく、「冬に食べるからこそおいしい」といった物語性や特別感を加えることが重要です。少しわざとらしさもあるのですが、それくらい発想を突飛にしないと、制約に負けない新たなアイディアは生まれませんからね。

一例では、クリスマス限定のかき氷のように、見た目や味に季節感を取り入れることで、消費者に新しい体験を提供できます。実際、冬場に温かいスイーツと合わせてかき氷を楽しむといった提案が支持を集めるケースもあります。逆に、夏場のスキー場では、涼しい高原を利用した「避暑地としての楽しみ方」を訴求することで、新たな顧客層を取り込むことができます。

また、的屋の事例を考えると、地元のお祭りだけに頼らず、出店の機会を拡大することが可能です。たとえば、キッチンカーを活用すれば、都市部のランチタイムやアウトドアイベントなど、さまざまな場面で出店できます。また、近年では地方創生や地域イベントへの参加が注目されており、的屋のノウハウを活用した「移動型の地域活性化プロジェクト」を展開することも考えられます。このように、移動や場所の柔軟性を活かすことで、的屋は季節や地域に縛られない収益モデルを構築できます。

ちなみに、私自身の事業について事例をあげつつ少しだけお話しすると、コンサルティング事業のかたわら、研修事業をやっています。毎年4月から6月は研修の需要が減少します。というのも、多くの企業は、その時期は新入社員研修が中心なんですね。新人を鍛えているので、他の社員は置いてきぼりになります。新人教育に特化した研修会社はいくらでもありますから、私たちの会社は暇になってしまいます。そこで、私たちは「新人の迎え入れ準備を進めるセミナー」を開催しました。これが大ヒット。研修にもそれに適した季節がありますが、逆利用することも重要ですね。

話を戻します。さらにスキー場の取り組みから学べるのは、「資産の有効活用」の考え方です。スキー場の場合、雪がない夏場にはその広大な敷地をアクティビティの場として利用しています。この考え方は、他のビジネスにも応用できます。たとえば、レストランやカフェが通常の営業時間外にスペースをレンタルすることで、新たな収益源を生み出すことが可能です。オフィススペースをシェアリングオフィスとして活用するような事例も、このアプローチの一例といえます。

あらためて重要なのは、既存のビジネスを「どうやって拡張できるか」「どのように新しい価値を提供できるか」を考える柔軟性です。季節限定という制約を逆に利用し、期間外の需要を掘り起こす努力を続ければ、ビジネスは持続的に成長できます。

また、最後に、これはどの事業にも共通することなのですが、顧客の声を聞き続けることが鍵です。お客が的屋に何を求めているのか、かき氷屋でどんな味や形を楽しんでいるのか、スキー場の利用者が夏場に何を期待しているのか。これを知ることで、より適切なサービスを提供し、新たなファンを獲得できるのです。常に新しいアイディアを試し、変化する市場に適応することで、季節ビジネスにも無限の可能性が広がるでしょう。

第6章

メイン通りの一本裏手にあるあの店は、本当に儲かっているのか？

――靴磨き職人、遺品整理業者、占い師

あまり見かけない職業は、どうやって生き残っているのか？

私自身の経験談ですが、30代前半の頃に、はじめてオーダーメイドの革靴を作りました。出張で秋田の工場に行ったとき、雪道を歩いていたので、その革靴が非常に汚れてしまったことを覚えています。帰りがけに、はじめて新橋で路上の靴磨きを経験しました。そのときに担当してくれたのは、自分より年上の職人さんでした。

私だけの感覚かもしれませんが、人生の先輩に靴を履いたまま差し出すのはなんとなく気が引けます。しかし相手はプロ。あっという間に靴をキレイにしてくれました。そのときの会話で知ったのですが、どうも以前の東京はすごく路上が汚かったから靴磨きの需要があったとのこと。

今では舗装もキレイだし、革靴を履いていても以前ほど汚れることがありません。もちろん地方でもオフィス街であれば土の上を歩く機会はまずありません。都市の整備が靴磨きを減少させたのだと知りました。

さらに、そもそもスーツに革靴という組み合わせが減少してきています。伝統的な大企業でもTシャツ、ジャケットにスニーカーを採用するケースは増えてきています。コロナ禍でのリモートワーク文化の定着もその流れに拍車をかけています。

私は社会人になったときに「相手から靴を見られていると思え。だらしないと信頼されないぞ。靴を磨くことは自分を磨くことだ」といわれました。だからできるだけ革靴をキレイにしたいと思ってきたのですが、そもそも革靴を履く機会もなくなっているのですね。

では、そんな厳しい風向きの中で、靴磨き職人のような、メイン通りの一本裏手で行われているビジネスはどのように活路を見出しているのでしょうか。

真似できないプロの仕事

――靴磨き職人のビジネスモデル

まず大前提として、靴磨きは誰でもできる仕事ではありません。さまざまなブラシを使い分けてほこりを落とし、その後に汚れの種類から、クレンジング剤を選定し、革靴にあったクリームを塗り込んでいく……という靴のメイクアップアーティストのような存在です。靴を磨く前と磨いた後では、見違えるほど違います。心なしか、気分も大きく変わります。

革靴はケアをしないとすぐに硬くなってダメになります。ですが、過剰に磨くと柔らかくなりすぎてしまいます。適切に管理するのは難しく、しかし適切に扱えば美しく光ります。まさに職人技が重要なのです。

だから靴磨き職人は、路面の看板でもそうですし、ＳＮＳでの発信などで、靴磨きの効用について積極的にＰＲしています。重要なのは、彼らに靴磨きを頼めば何をどこまでやってくれて、値段はいくらなのかを明確に書いて示すことです。そしてどんな効果が出るかを写真等で明瞭にイメージさせます。そして一人ひとりのお客から着実に信頼を得ていってリピート客を増やします。この地道な戦略こそが事業を継続させる鍵です。また昨今では、靴をしっかりとケアすることで長く使える＝節約＝SDGs的ともいえます。

実際に靴磨きを一度経験すると、その効果を実感し、定期的にメンテナンスを依頼する人も増えています。私も定期的に革靴を靴磨きやメンテナンスに出しています。はじめて利用する際は、手軽で簡易な１０００円程度の靴磨きを選んでも、職人の技を目の当たりにすると、より本格的なメンテナンスに興味を持つようになるでしょう。たとえば、細部までしっかりと磨き上げるプレミアムな靴磨きや、靴の色補正、傷のリペアを含むトータルケアをオーダーするようになり、結果として客単価は４０００円以上に上がるケースも珍しくありません。靴磨きは単なるサービスではなく、お客の「靴への愛着」を育む役割を担っているのでしょうね。一度その価値を知ってもらえれば、少なくない数のお客はリピートします。結果として、職人の技術がより評価されることにつながります。

靴職人によっては1時間以上、じっくり時間をかけて磨きます。さらに磨いた後は、お客と靴談義に花を咲かせ、歩き方や日頃の管理方法についてアドバイスも行う……というコンサルタント的な立場になる場合があります。つまり道端でさっと靴磨きをするビジネスモデルから、ある種の情報産業、エンタメ的なビジネスへと進化しないと生き残れないのです。

たとえば路上で靴を磨いてもらっているときに、みなさんは何ができますか。職人と話すか、スマホを見るくらいですよね。利用者側からするとそれで問題ありませんが、サービスの提供側からは何か追加で提供できないかを考える価値があります。たとえば美容室とネイルサロンが一緒になっているケースはよくありますね。あれは同時に施術してもらえるので、時間が有効活用できていいと思いませんか。体の別の部位に同時にサービスを提供するアイディアは他業種にも非常に参考になります。

そこで実例をあげますが、ビルの一室にある靴磨き店で、靴磨きをしてもらいながらアルコールやノンアルコールドリンクを飲めるサービスがあります。座っているだけで、体はあいていることに着目したのでしょう。靴磨きバーといってもいいですし、バーに靴磨きのサービスがついているといってもいいかもしれません。税制的に不明ですが、靴磨き費用込みの領収書をもらえるとしたらこれからいっそう広がるかもしれません。

別の実例では、料亭に出張する靴磨き職人もいます。みなさんが接待でクライアントを料亭に招待したとします。すると会食が終わるときには、そのクライアントの靴がピカピカになって出てくるのです。それだけ聞くと、慣れていないのでちょっと気持ち悪いような気もしますが、自らの靴を磨いてもらうとしても待ち時間がないのは嬉しいですよね。

また靴磨きを組織的に行う例もあります。クリーニング店と靴職人が組むケースです。クリーニング店の担当者が顧客の靴を取りに行くこともあるようで、就職活動がさかんになる時期にはセールを行うなどして靴を集めます。飲食店にはまとめて食材を調理する「セントラルキッチン」という仕組みがありますが、それと似て、一箇所で集中的に靴を集めて靴磨き職人が対応する方法です。

個人的に私は靴磨き職人の方に、それぞれのお客に合った靴を提案してほしいと思っています。あれだけ靴と接しているのだから、その所有者の特徴がわかるはずです。合わない靴を履き続けると、足だけでなく、膝や腰、さらには背骨まで影響を受け、体全体の歪みにつながります。

かかとの減り方が左右で極端に違う場合や、靴の甲の部分が大きくシワになっている場合は、足に適していない可能性が高いといいます。また、靴の内側のライニングが特定の部分だけ異常に擦り減っている場合も、足の圧力が不均等にかかっている証拠です。

このような変化を職人が敏感に察知し、適切な靴選びのアドバイスをすることができれば、靴の寿命を延ばすだけでなく、顧客の健康にも貢献できます。インソールを調整するだけで格段に履き心地が向上しますし、適切な靴ひもの結び方一つで、フィット感が大きく変わります。これはまさに、職人の方々にとってのビジネスチャンスです。

靴磨きは単なるメンテナンスではなく、靴と体の関係を見極める職人的な仕事でもあります。だからこそ、職人の知識と経験を活かし、「靴の状態からその人の歩き方や体のクセを読み取り、最適な靴を提案する」という視点が、これからの靴磨きサービスには求められるでしょう。

確実に存在するニーズに応える
――遺品整理業者のビジネスモデル

またメイン通りの一本裏手、といえば遺品整理業者があるでしょうか。当然ながら、ずっと暮らしているとモノが溜まります。故人が残した多くの遺品に困っている家族も多いでしょう。遠く離れた兄弟が鬼籍に入り、週末に訪問して遺品整理をしていたものの全部終わるまでに半年ほどかかった、という話を聞いたことがあります。

それでも、ずっとそのまま置いておくわけにもいきません。また、自分自身の終活を考えた際に、手放すことを考えるケースも多いと思います。子どもの代に引き継がせたり処理させたりする負担に配慮して、生前に遺品整理業者を利用する場合もありますね。

なお遺品整理業者の対価は、私の知人が利用した際には50万円ほどだったといいます。高額ととらえることもできますが、自力でやろうとした場合には半年かかる作業が数日で終わるのですから「時間・労力を考えれば安いもの」といえなくはありません。さらに故人が賃貸生活だった場合、早く対応しなければ家賃が発生してしまいます。

この遺品整理業者のニーズは近年高まっています。日本は年間で１３０万人も死亡する国ですし、高齢になり、高齢者施設への入居をきっかけに身の回りのものを整理する人が増えているからです。また、保険会社も積極的に遺品整理業者と連携を深めています。特定の保険に加入すると生前整理の割引が受けられます。終活に対する意識の高まりを利用した、保険商品の訴求性向上の一環ですね。地方行政が開催する遺品整理のセミナーなんていうものも、大盛況です。

もともと、遺品整理業自体が新しいビジネスの発見でした。最初は葬式の際に、遺品を廃棄するサービスとして始まったものです。すると申し込みが殺到。現代のような発展を遂げることになりました。便利屋などの形態から始まり、今では故人を尊重し、遺品にお経を上げて供養し廃棄する業者もいます。

遺品整理の仕方もさらに発展しています。遺品を送ると、神社に届き、お焚き上げ供養証明書を発行してくれる業者もいます。さらに将来はデジタル遺品といわれるPC上やクラウド上のデータ・情報の供養や処分にまで広がっていくでしょう。

しかし近年、しばしば遺品整理業者とのトラブルが報じられます。そもそも廃棄物を回収し処分するためには市区町村の一般廃棄物処理業の許可が必要です。また書籍などの買い取りには古物商の資格が必要となります。それらを有しておらずに遺品整理業者を営んだり、また当初の口頭説明とは大きくかけ離れる価格を終了後に提示したり、買い取りの価格が異常に低いまま押し切ったりと、さまざまなトラブルがあります。遺品整理業者は足りないといわれるくらい活況ですから、こういう不遜な業者も紛れ込んでいるわけです。

ただしこれからは、信頼できる第三者機関等が優良業者を認定するなどの仕組みができてくるでしょう。日本における高齢化は今後も続いていくので、遺品整理業者のニーズはさらに拡大していくと思われます。

専属契約やリピーター客を獲得する
——占い師のビジネスモデル

靴磨き職人、遺品整理業者と見てきましたが、メイン通りのさらに一本裏手、といえば占い師でしょうか。個人的な話ですが、私の義母が占いに大変興味を持っており、お金も費やしている姿を身近に見てきました。そのため、私は占いを信じているわけではないのですが、この「占い師」というビジネスに非常に興味を持っています。

私と妻の結婚祝いに、台湾の占い横丁に足を運んだほどです。

日本では路上やマンション内、施設の一角で行われることが多く、相場は30分で5000円、1時間で1万円といったところでしょう。なお、私は仕事上のつながりで紹介された占い師のもとへ行ったことがありますが、そのときは1時間で4万8000円でした。その経験からわかったことがあります。それは、訪問者が高すぎると思う価格設定をしてしまうと、そもそも来てくれないけれど、ちょっと高いかなとは思ってくれる価格でなければならないということです。安すぎたら信じる気にもなれないし、したがって占い師と真面目に接することもできないからです。

占い師は大企業ではなく、大資本がバックにあるわけではありません。また、本人が商売道具ですので、働いた分しかお金になりません。売上はそのまま粗利益になります。自身の生活費を除けば、コストは場所代くらいです。だから、生き残っている占い師は、安くても多人数を占っているパターンか、高額で付加価値を提供しているパターンとなります。

ところで私はとても有名な社長と知り合いで、頻繁に会っていたのですが、あるときから一人の男性が同行するようになりました。てっきり社員だと思っていたら、どうも占い師らしい。食事のときも同席して、あれこれとアドバイスをしています。それがとても優しく、そして包み込むような話し方なんですよね。

彼は私にもアドバイスをしてくれました。「何月何日の何時何分に家を出て、西の方向に行って、方違神社《ほうちがい》（大阪府堺市堺区）に行って、体に染み付いている方向感覚を矯正してください」とか「何月何日に宝くじを買ってください」とか。なお、仕事上のつながりだからと思って、方違神社に行きましたが、まだ効果は実感できず、20万円相当の宝くじはほぼすべて外れました。しかし、その占い師にクレームを伝えたことはありません。

この経験から、占い師として成功する人は、そのコミュニケーション能力の高さゆえだと思いました。というのも、方違神社の紹介も、私が仕事のトラブルについて愚痴をこぼしたときに出てきた具体的なアドバイスでした。彼は私の話をじっくりと聞いてくれました。占い師は私の表面的な言葉の深層に、とにかく助けてほしいという叫びを聞いたのかもしれません。

さらに20万円の宝くじの話題になったときも、「そのうち結果としてお金が入るようになりますよ」といっていました。私は外れた後に、「あー、こんなことやったって意味ないよなあ。宝くじなんて当たるはずがない。しっかりと仕事をしなきゃ」と思い、仕事にそれまで以上に打ち込むようになりました。だから、そこまで占い師が計算して、私に「結果としてお金が入るようになる」といったのではないか……と思えるくらい、私を見透かすような目をしていたのです。

さて、占い師は、相談を受ける内容がビジネス関連か、恋愛関連かによっても話す内容がかなり異なります。そのため、しっかりとターゲティングをし、その知識を増やし、焦点を絞る必要があります。また彼は口コミで企業経営者からの仕事を増やしていましたが、大きな決断をしなければいけない経営者を紹介してもらっているといっていました。なるほど経営者は孤独で、一人で大きな決断をしなければなりません。幹部と心が通じていなければなおさらです。そういう相手を狙うのは、企業のマーケティングと同じです。

経営者に限らず、肉親を失ったとき、家族が受験のとき、大失恋をしたときなど、誰かにすがりたいタイミングは誰にでも多々あります。そこで占い師は、丁寧に話を聞いて具体的なアドバイスをすることで、個人客であればリピーターを着実に増やしたり、企業経営者であれば専属で契約を結んだりするわけです。

専門家（職人）モデル

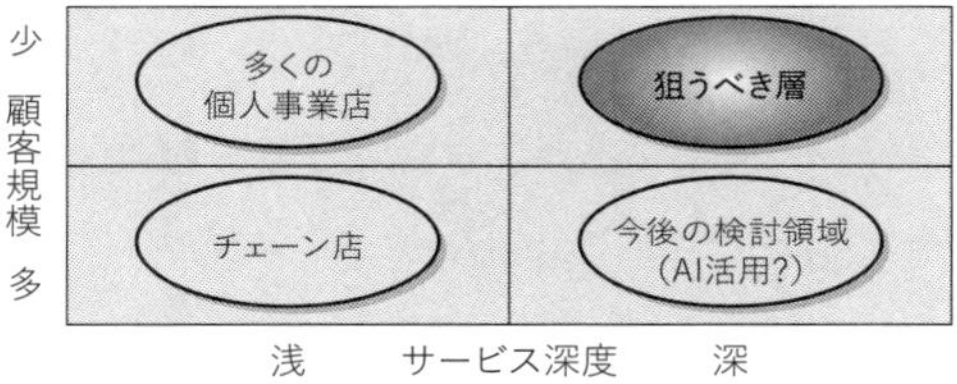

明瞭価格モデル

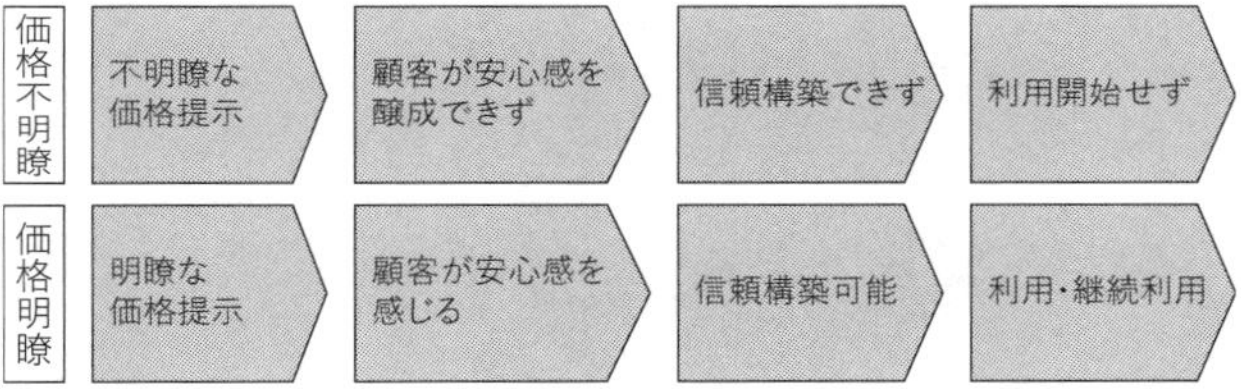

成功要因の分析

これらのビジネスをフレームワークで分析してみましょう。

「専門家（職人）モデル」：これらは、特定顧客の深いニーズに応えるサービスを提供しているといえます。本書で紹介している商売の特徴ともいえるのは、少人数で小資本であることです。この形態で大企業に勝つためには、スピードしかありません。そして、可能な限り、顧客一人ひとりに深く入り込むことです。そうやって、大手が提供できない独自のサービスを展開しなければ選ばれません。

「明瞭価格モデル」：みなさんははじめて靴磨き職人に靴を持って行くときに、看板に「時価」と書いてあったら少しためらうのではないでしょうか。やはり明瞭な価格設定で安心感を与えることが重要です。占い師の例では、適正な価格を提示することで信頼を得ていました。さまざまな新しい真摯でなければ生き残っていくことは難しいでしょう。

実践へのヒント　ビジネスモデルの応用

靴磨き職人が実践しているように、効果や価格を明確にしてPRすることは他のビジネスでも応用可能でしょう。また、みなさんのサービスでも、お客が何かをやっているのと同時に何か別のものを提供することはできませんか。バーでお酒を飲んでいるときに靴磨き職人が靴を磨くように。あるいは接待の最中に、クライアントの靴を磨くように。

多くの仕事は、つまるところコミュニケーション・サービス業です。そのため、やや応用して考えるのであれば、パーソナライズドサービスの導入に目を向けることが重要でしょう。みなさんは「商品なんて何を買っても同じだ」と思っていませんか？もちろんこれは極論ですが、現代では商品の機能が向上して、ブランドや商品ごとの違いがなくなってきています。たとえば、家電メーカーA社の電子レンジもB社の電子レンジも性能は変わりません。だったら、それを売っている店員の感じがいいほうから購入したいですよね。せっかくお金を使うのですから、できるだけよい気分になりたいのは当然です。

また日本はこれから多死社会を迎えます。縁起でもありませんが、大量の方々が鬼籍の人となることを前提に商売を考えることはできます。そして他社が適当な価格設定だったり、曖昧な価格基準だったりする際には、明朗会計をアピールすることで訴求性を向上させられるでしょう。なお、おそらく現在の日本では「たくさんの人が死ぬ」「子どもがまったく生まれなくなる」くらいは、ほぼ確実な未来ではないでしょうか。もちろん、商売のヒントになるトピックスはもっと存在するかもしれません。これらは誰もが知っている話です。その誰もが知っている話を使って商売を考えるのは悪いことではありません。

ただし、みなさんが考えていることは、他人も考えています。そこで、商売を始めると同時に、せっかくお客になってくれた方々の情報収集も怠ってはなりません。顧客の詳細な要望や背景を収集し、それに基づくカスタマイズサービスを提供しましょう。人気店では顧客の過去の買い物履歴を記録し、次回来店時にスムーズに対応する仕組みを導入する手法を紹介しましたが、これはどのような商売でも可能です。自分のふとした好みを覚えてくれている小料理屋の店主には好印象を持ちますよね。

また、同時に代替収益源の開拓も諦めてはいけません。現業務の延長線上で提供可能な新しいサービスを常に模索していきましょう。私の知人で小さなＩＴ企業を経営している人がいます。まずはシステム開発という本業でしっかり稼ぐようになることがは重要ですが、その後に、顧客企業の経営課題に踏み込んだコンサルティングサービスや、継続的なメンテナンスサポート、人材育成プログラムなども提供しています。結果として顧客とより深い関係性を構築して、さらに収益を増加させています。

重要なのは、顧客との関係性を一度限りの取引ではなく、長期的な関係に昇華していくと決意することです。現代はデジタルな時代だからこそ、人間味があって、きめ細かなサービスを求めている人は少なくないはずです。テクノロジーは道具であり、最終的には人間の感情や潜在的なニーズに応える手段ですからね。商売人は顧客の人生に寄り添うサービスを追求するのが一番です。

第7章

気になるあの人たちは、どうやって食っているのか？

――地下アイドル、ちんどん屋、宝石鑑定士

あの人、どうやって食っているんだろう？

私が懇意にしている出版プロデューサーがいます。その方の元へは、さまざまな職業人が出版を目指してやってくるそうです。現在は出版不況で、雑誌や書籍の市場規模が縮小したり、書店が減少したりしています。ただ出版する夢はいまだに多くの人々が抱いているということでしょうか。

さて、出版希望者の中には「この人、どうやって食っているんだろう」という人や「この人の本業は何だろう」という人が少なからずいるそうです。そこで二つの法則なのですが、その方いわく「身も蓋もないけれど、『どうやって食っているんだろう』っていう人は実際に食えていない人が多い。一方で『この人の本業は何だろう』『この人は何屋さんなんだろう』という人はすごく儲かっている場合が多い」とのこと。なるほど、これはかなり鋭い指摘かもしれません。

「この人は何が本業だろう」と思ってしまうような人は、それだけさまざまなことに手を出す行動力がある人だといえます。その人が儲かっていないはずはありません。

そして一方で、みなさんも「この人ってどうやって暮らしているんだろう」と思う場合があると思います。その直感は大方正しいのですが、実は意外な戦略を使って生き残っているケースも少なくありません。だからこそ本書では、斜陽業界でもがんばっている人を取り上げています。

本章では、先の出版プロデューサーの言葉を思い出しつつ、地下アイドルと宝石鑑定士、そして今や懐かしいちんどん屋の例を取り上げて、「どうやって食っているのかわからない、気になるあの人」のビジネスモデルをひも解いていきます。

ファンを引き付けるための戦略

――地下アイドルのビジネスモデル

地下アイドルという仕事があります。チケットもそんなに高くない。そして、そんなに人が集まっているわけでもない。どうやって生活できるだけのお金を得ているのだろう、と思ってしまいます。答えは、予想通り、それだけでは生活できません。

私は14年間くらいテレビに出ていますが、そこでお会いするアイドルですら、それほど収入がないといいます。有名事務所の方でも、売り出し中の頃はアルバイトをしていたとおっしゃっていた方もいました。それならば地下アイドルは推して知るべしでしょう。

私は大小さまざまな芸能事務所の方と話します。統計はありませんので感覚値になってしまいますが、アイドル活動だけで生活している方は1％くらいでしょう。会社員やアルバイトと掛け持ちの方が大半です。ただし、専業ではないものの、それなりの収入になっているアイドルは多々います。

まずはファンとのチェキ（写真）代です。サイン入りで1000円から2000円。その3～5割がアイドルにバックされます。1回のライブで2000円が10枚売れて2万円、その半分が入ったら1万円ですね。

次にライブの収入です。私はアイドルのライブにはあまり行きません。ただロックやメタルのライブはほぼ毎週ライブハウスに通っています。アイドルでもロックでもいいのですが、1組だけではなく複数のグループが合同でライブをすることが大半です。そのときに受付で「誰を見に来ましたか」と訊かれます。「おいおい、私の趣味を訊かないでよ。恥ずかしいから」と思っていましたが、これはギャラの分配を決めているんですね。

複数の関係者から話を聞いたところ、一定の集客を超えた分の収益は、自分のグループに投票する人がいればいるほど、1人の指名客につき500円くらいがバックされるようです。このビジネスにおける収入の基礎は、このような仕組みになっています。

運営側としてはさほど人数が集まらなくても、ものすごい支出があるわけではありません。彼女たちには儲かった分から一定の率で報酬を払えばいいのです。だからSNSでは今日もさまざまなアイドルイベントが告知されています。バンドのライブは2、3組の出演が珍しくありませんが、アイドルの場合は5組くらいで出演するイベントがあります。アイドルグループは1組で20名くらいのファンを集めたら成立するんですよね。

あるアイドルグループのマネージャーいわく「今、大人数のアイドルグループが多いでしょ？ あれ、運営側からすると必然なんですよ。グループのメンバーに支払うのは固定額ではなく、売上に応じた比例報酬とするでしょう。すると、さまざまなタイプのメンバーを揃えたいとなるわけです。だってファンの好みって多様だから、できるだけ一つのグループの中にいろんな人がいたほうがいい。そうしたら、他のアイドルグループを見に来たお客さんが、私たちのグループのメンバーを好きになってくれるかもしれない」。要するに確率論だということでしょう。

その他、オンラインでファンの誕生日を祝ったり、グッズを売ったりする売上もなかなかのものだといいます。これらの売上は半分くらいをアイドル本人にバックするケースが多いようですから、特定のファンと親密になればもっと収入が増えるでしょう。それにはやや危うさもあるのは事実でしょうが。

バンドマンもそうですが、ステージに上がって自分らしさを表現することは、何にも代えがたい喜びといいます。アイドルもステージに上がって踊って歌って、そしてファンから大歓声をもらうことは、きっとお金をもらう以上の喜びがあることでしょう。

「古さ」を求められる場所を探す

――ちんどん屋のビジネスモデル

次に気になる仕事といえば、ちんどん屋でしょうか。

若い方は知らないかもしれませんが、派手な衣装を着て楽器を演奏しながら街を練り歩き、商店やイベントの宣伝を行う広告業者です。

にぎやかし、という言葉を聞いたことがあると思いますが、派手な衣装で音楽を奏でたり、歌ったりすることで特定の商品をアピールするのが「ちんどん屋」です。もともとは江戸時代に大阪で始まったとされていて、当時は竹の鳴り物と声で飴を販売している業者がありました。彼らが副業として、客寄せを担うようになったのが嚆矢《こうし》です。

現在はマーケティングという言葉が一般的になりましたが、昭和初期には路上で宣伝するというもっとも原始的な形式が一般的でした。そこで、できるだけ目立つようにちんどん太鼓が発明され、徐々に楽隊を入れた編成が典型的なフォーマットになっていき、現在でいえば宣伝広報部のような役割をちんどん屋が果たしていたわけです。

そこから戦後にはさまざまな職業人たちがちんどん屋に転職していきました。戦後復興の経済成長の中で、メディアも現在ほどにはすべての人に普及していなかった時代、ちんどん屋が人々に訴求するべき商品はいくらでもあったわけですね。そしてもっと目立つためにと、派手な衣装や仮面などを取り入れて発展していきました。

でも現在はさまざまな宣伝媒体があります。メディア（テレビ、雑誌、ラジオ、新聞）だけではなく、YouTubeなどのインターネットメディア、ポスティングまで何でも揃っています。街頭でも宣伝だらけで、むしろ広告ばかりを目にしている印象ではないでしょうか。現在では生のちんどん屋を見た経験のない人のほうが多数派であるはずです。私も子どもの頃に見た記憶がうっすらとあるだけですから。

しかしそのちんどん屋を、懐かしの昭和音楽を思い出させてくれるものと考えるとどうでしょうか。実際にちんどん屋で収入を得ている人たちは、老人ホームでの演奏などで生計を立てています。ちんどん屋の演奏を楽しむ敬老会での催しなどもその一環で、シニアが親しんだ懐メロを演奏して盛り上げます。

また昭和文化を継承しているちんどん屋には、地方の行事での需要があります。地元住民と街を練り歩くことで交流の媒介となっています。商店街のイベントなどでも、場を元気づけるための需要があります。

少し前はちんどん屋について「古臭い」という感想を持つ人もいました。しかし「古い」と感じるのはそれを知っているから。町中華の事例を取り上げた際にも述べましたが、まったく知らない人には新鮮に映ります。実際に、外国人観光客向けの呼び込みなどで活躍する場合があります。また政治家が海外を訪問する際に、日本文化の紹介としてちんどん屋を同行させるケースもあります。国内でもさらにパーティーの余興やパチンコ屋での営業など、想像以上に需要があるのです。

実は勤務先が幅広い職業
――宝石鑑定士のビジネスモデル

また、宝石鑑定士という職業も気になりますね。

ここで少し脱線しますが、私には実業界で尊敬する方が何人かいます。その中で、著作『大資産家になるためのアジア副業マニュアル』（ＰＨＰ研究所、２０１４）を出版された故・澤木恒則さんは強烈でした。同書は氏の唯一の本で、一読をお勧めします。というのも、もっと「日本人は稼ぐことを考えましょう」という主張がされているのです。

同書で澤木さんは、アジアに旅行に行くなら、アービトラージ（裁定取引）をすることを勧めています。これは、簡単にいうと、日本か旅先のどちらかで、「安く売られているものがあったら、それを買って、片方で高く売れ」というもので、そうすれば旅費くらいが捻出できるとしています。さらにアジアで宝石でも買って帰れば、日本で高く売れるから宝石鑑定士になるのがいいのではないか、とも書かれています。

あくまで自分の実需に対応するために、宝石鑑定士の勉強をしたほうがいいのではないか、ということです。これは大変に重要です。みんな何かしらの資格を取ろうとしますが、その先のビジネスプランがない場合も多いでしょう。ただどこかに雇ってもらいたいと思うだけです。そうではなく、宝石鑑定士ならば実践に役立てられるという点が独自の特徴です。

もちろん宝石鑑定士は、宝飾品店での勤務の道があります。高級宝飾品店や百貨店のジュエリー部門で、商品の鑑定や顧客へのアドバイスを行う仕事です。また王道は宝石関連企業での勤務ですね。宝石の輸入業や卸売業、宝石加工業などの企業で専門家として働くものです。これならば会社員としての年収を得られます。

また、独立開業するケースもあります。個人で宝石鑑定事務所を開き、個人や企業からの依頼を受けて鑑定業務を行うこともあるようです。公的または民間の宝石鑑別機関で、専門的な鑑定業務に従事する場合もあります。

あるいは、ややマイナーではあるものの、教育機関で指導をするという道もあります。ジュエリー関連の学校や講座で講師として働くというものです。なお、澤木さんの著作からのアドバイスを受けて、私もかつて宝石鑑定士の学校に行こうと思ったことがあります。ただどうも受講者は宝石鑑定の仕事で生計を立てているというより、宝石鑑定士を雇っているマネジメント層が、取引先や顧客に言い負けずにちゃんと宝石を管理できるようにアドバイスするため、学校で知識を獲得するために受講していたようです。このように、宝石鑑定士の実際の収入や生活状況は、個人の経験、技術、勤務先によって大きく異なります。

自己表現の金銭変換

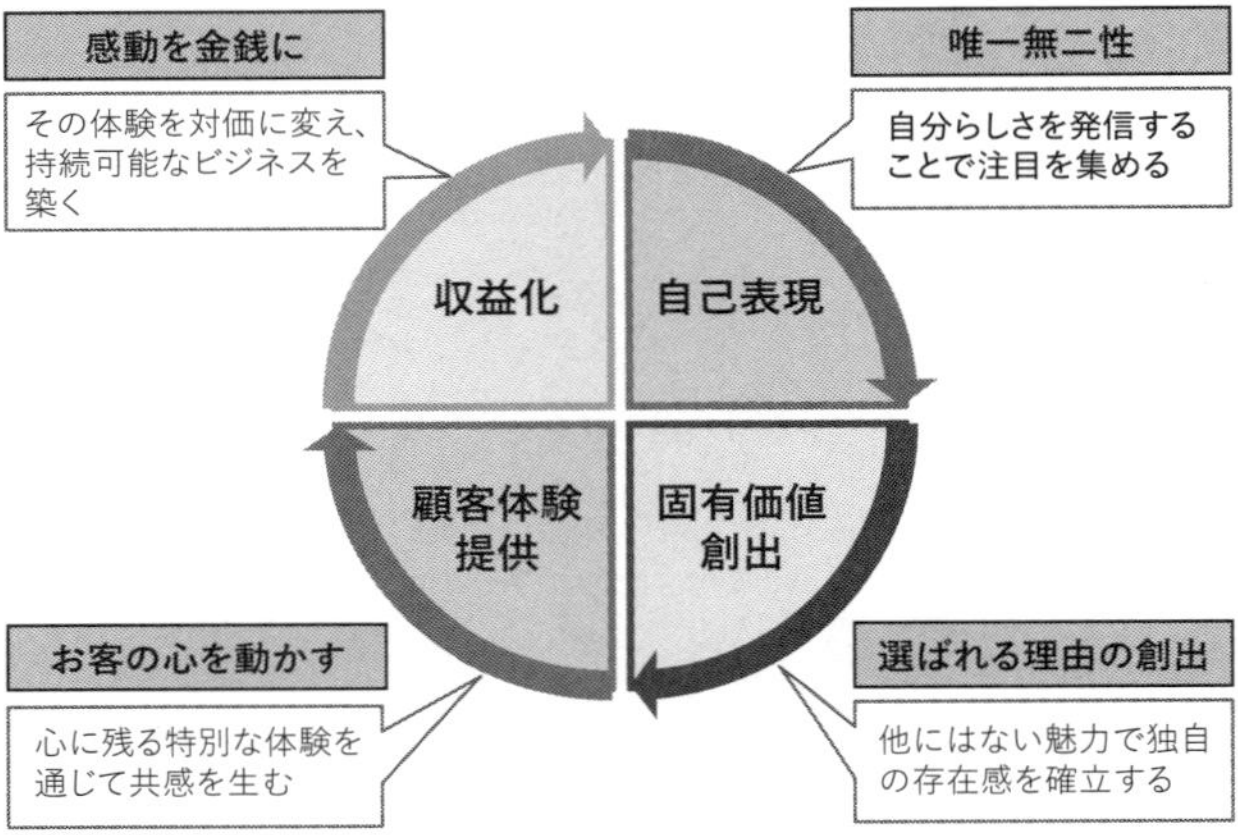
感動を金銭に
その体験を対価に変え、持続可能なビジネスを築く
唯一無二性
自分らしさを発信することで注目を集める
収益化
自己表現
顧客体験提供
固有価値創出
お客の心を動かす
心に残る特別な体験を通じて共感を生む
選ばれる理由の創出
他にはない魅力で独自の存在感を確立する

成功要因の分析

これらのビジネスをフレームワークで分析してみましょう。

「**自己表現の金銭変換**」：アイドルもちんどん屋も自己表現を通じて収益につなげています。これは当然ですが、固有性があります。非代替性といってもいいでしょう。つまり代わりがいてはダメなモデルです。アイドルはステージ上でのパフォーマンスやファンとの直接的な交流

多角的収益源の確保

長く食っていくための工夫

幅広い活動が収益を支える：収益源を一つに絞らず、さまざまな活動を展開することで収益の安定性を確保。多様な取り組みが経営基盤を強化

多様性がリスクを軽減：特定の収益源に依存しない多角化は、環境変化や市場リスクを緩和する。事業の幅を広げることで柔軟な対応が可能

柔軟性が持続性を確保：新しい収益機会を見つける柔軟性が、長期的な事業の持続を可能に。自己表現ビジネスにおいては、自分自身を成長させながら新しい分野に挑戦することで、競争力を維持

を通じて、他では得られない体験価値を提供しています。ちんどん屋も視覚的・聴覚的に派手で目立つパフォーマンスが、宣伝効果を高めています。

「多角的収益源の確保」：自己表現ビジネスの場合は、深く対象顧客とつながれることが強みでしょう。それを継続するためには自己研鑽は当然として、さまざまなビジネスを構築する必要があります。多角化とは、リスク分散ともいえますし、食っていくために不可欠ともいえます。地下アイドルがステージ上だけではなくチェキやグッズなど多数のアイテムを用意しているように。さらにアルバイトも掛け持ちしているように。生き残るためには何でもやるリアルが支えています。

また、ちんどん屋は、商品のＰＲ業務の枠を超えて多角化しています。イベントへの参加やインバウンド客の呼び込みなどに仕事が広がっています。宝石鑑定士も独立した商売だけではなく、百貨店などに帰属したり、輸入業だったり、教育機関で指導したりとさまざまです。

実践へのヒント　ビジネスモデルの応用

アイドルのビジネスモデルから発展させて考えると、アイドルグループの運営のビジネスモデルは実践してみる価値があるかもしれません。固定額ではなく、収益の定率を本人たちにバックするのですから、運営側としてはメンバーが増えるリスクは低いといえます。

もちろんメンバーの数を管理しなければならないし、人間関係の煩わしさはあるでしょう。ただ、何組かの地下アイドルグループに訊いてみると、運営がいるのに、グッズの管理や収益計算などは自分たちでやっていました。そしてアイドル本人はといえば、当然ながら有名になりたいから、自分で積極的にＳＮＳを用いた宣伝を行います。

みなさんの会社は、自社商品を社員が自己アカウントで宣伝しますか。多くの場合しませんよね。出版社やテレビ局で、自分が作った書籍や番組をアピールすることはあるかもしれないですが、「今度、最高な計測器が発売されまーす」なんてメーカー社員の個人投稿はほとんど見たことがありません。会社はお金をもらうところであって、社員が社外で積極的に自社の売上増加につながることなんてしません。だけど、アイドルは自分のために宣伝を繰り返します。

これは当たり前といえば当たり前です。以前「小説の新人賞に、小説の販売数以上の応募があった」という笑い話を聞きました。みんな、基本的には他人の作品を読むことはない。一番の関心事は、自分が自己を表現して認めてもらうことなんです。昨今では自己肯定感の大切さがよく論じられますが、それでもやはり、自己承認欲求を満たすものは、結局のところ他者からの承認であり続けています。

工事現場やサービス業の現場ではずっと人手不足が続いています。しかし、私が本書の原稿を書いているタイミングで「M－1グランプリ2024」が開催されているのですが、その参加組数に驚きました。2001年には1603組だったところが、2024年には1万330組だそうです。みんな、自己表現がやりたいんですね。

つまり今は、みなさんのビジネスで参加者をいかに「自己表現させるか」が重要になる時代です。「私たちのビジネスはアイドルプロデュース業ではない。ちんどん屋の斡旋業でもない」というのはわかっています。ただ、これまでとは違う形で応用しないと、人手不足が続いたり、仕事にやりがいを感じられない社員がやめたりしますよ、という意味です。

想像しやすい例をあげれば、中小企業でもパンフレットを作ってもらったり、動画を作成・配信してもらったり、どこかのイベントで話してもらうなど、社員に対して積極的に自己表現の場を与える必要があります。

第8章

お客に嬉しいあの格安サービスで、店は儲かっているのか？

――100均、激安居酒屋、飲食店の大盛り無料、ソーシャルゲーム

100均の店舗数がどんどん増えているのはなぜ？

「東急ハンズ（現ハンズ）の最上階から1階まで商品を観察しながらゆっくり降りてくる。その後に近くの100円ショップに類似品を見に行く」。数年前に、有名な上場企業の役員と話したときの言葉です。休日にどのような趣味を楽しんでいるか質問すると「いろいろなお店を見てまわること」と答えてくれました。100円ショップの商品は工夫と努力の塊であり、いかに商品を作っているかを分析するのが重要だと熱っぽく語ってくれた姿が印象的でした。

その他の業種が苦戦しているという話を多く聞く中で、100円ショップは好調です。今やちょっとした小物を買うなら、100円ショップがもっとも思い浮かぶ選択肢になっていますね。

「100均が銀座を支配する」というと、世の変遷を感じてしまいませんか。

東京・銀座といえば、これまでは百貨店やハイブランドを思い浮かべていました。あるいは日産自動車のショールームかApple Storeなどもあります。しかし、今は並木通りに無印良品とユニクロができ、DAISOが軒を連ねています。DAISOは系列の

THREEPPY、Standard Products とともにマロニエゲート銀座のフロアを占拠しています。次に3COINS、Seria が出店しています。

このところ平日に行ってみると驚くのですが、各店舗は非常に多くの人で賑わっていて、多くのインバウンド観光客もいます。DAISO をはじめとして、プチプラ（安価な商品を扱う）各店が銀座への進出を果たし、人々に歓迎されているんですね。洗練された大人の街としての銀座のイメージはもう変わってしまったようです。

政治家兼小説家の田中康夫さんは岩波文庫を読んだときの感動とルイ・ヴィトンを手にした感動は等価だという名言を残しましたが、もはやヴィトンと１００均も、銀座では等価なのかもしれません。では１００均はどのようにして商売を成立させているのでしょうか。

あらゆる場面で必要とされる店
――100均のビジネスモデル

これまで紹介した中小零細店舗とは異なり、現在、100均で生き残っているのはほぼ大手のみです。立地も一等地に店を構えているケースが多々あります。本章では、そんな100均が行っている売るための工夫と、そしてコストを抑える工夫を見ていきます。

まず、売るために各社はイメージ戦略に力を入れています。大量消費と大量廃棄の代表格から脱皮し、長く使われ長く愛されるようなイメージ作りに邁進しています。このところ各社とも商品や店舗のコンセプトはSDGsを意識したものになっています。いいモノを知り、いいモノを選ぶ大人が集う場所の象徴が銀座だとすれば、そのような大人から選ばれ続ける店になることが必須なわけです。そう考えると、「安い」

という単なる話題作りではない各社の戦略が透けて見えますね。

各社とも大人の生活に溶け込むようなブランドを目指しています。DAISOはビル横の看板をいつものピンクではなく、洗練された白地を基調としていますね。売り場も化粧品やヘアケア、キッチン用品を充実させています。また、フリマサイトのメルカリと連携して配送グッズを揃え、リユース推進のPRも怠っていません。

THREEPPYはキャラクターグッズを減らして食器を充実させ、Standard Productsでは今治《いまばり》産タオルを並べていました。また収納用品がかなり充実しています。

3COINSではBluetoothイヤホンやスピーカーから美容家電、アパレル、室内植物までを扱っています。いずれもしゃれたデザインで、驚くほどです。

Seriaは他の店とさほど変わらない作りですが、いつもの通りインショップ戦略（商業施設の中で展開し、ついで買いを誘う）で雑貨が多い状況ですね。また価格の割に高級感のある「高見え」商品がいっそう際立っています。

各社でヒットしたのはデジタルガジェットでしたが、その充実ぶりに驚きますね。USBスピーカー、ワイヤレスキーボードなどもあります。ヒットした理由は、家電量販店よりも真っ先に「行ってみよう」と思わせたからです。つまり消費者の脳内検索1位になることで、代替需要を生み出していったのです。

さらに、私は「とりあえず需要」は見逃せないと思っています。たとえば、通勤時にラジオや動画の視聴などをしようとして、「ワイヤレスイヤホンがほしい」とふと思い立ったとき。でもそのときに、いきなり2万円台の商品を買うのは勇気がいります。そんなとき1000円ならば買ってみようかな、と思うでしょう。もちろん、2万円台の商品と同じ品質と思っている消費者はそんなにいません。あくまでエントリー商品として、うまいポジショニングをしていますね。中間層のニーズをうまく吸い上げています。

それが可能なのは、ある種の過剰さです。100均各社は毎月の新商品投入が500~800点ほどあります。この異常なまでの試行錯誤が成功を導いているのです。めまいがするほど次々と商品が開発されては、基本的に「作り切り」「売り切り」で流れていきます。ふたたび目にしない商品が多いのはそのためです。しかしデジタルガジェット類は珍しくリピート商品となり、100均の目玉となっているわけですね。

出張先でスマホやタブレットの充電ケーブルを購入するとき、真っ先に100均が頭に浮かぶ人も多いでしょう。

さらに100均は健康志向の高まりからかサプリメントも売っていますし、ガーデニンググッズやキャンプ用品なども充実させています。取り扱っている品数の多さを見れば、もはや業界自体が、デフレ下で異常なまでに発展した一つの奇跡といっていいでしょう。ひょっとすると、100均限定で書籍を発行したら、書店に並べるよりヒットするかもしれません。

なお、私は「中間層のニーズ」という言葉を使いましたが、ここでいう中間層＝ミドルとは年齢ではなく、最安価でも高級でもない中間商品を購買する層のことです。これまで銀座には多くのブランドが出店しましたが、大量閉店や撤退も相次いでいます。ひさびさに銀座に行くと、以前目にしたブランド店舗がなくなっています。

100均は、現代の日本経済において価値があるという意味の「百金」になっていますが、日本一の商業地域に根づくのはたやすくありません。ですが100均は、どんどん伸びました。今やその市場規模は約1兆円です。これは国民1人あたり、年間

1万円を払うくらいの規模です。銀座のような好立地に進出できる業種がプチプラブランドなのは、実質賃金が伸びない日本の経済の状況を表していますね。現在は食糧高、さらに円安など、多重の原価高要因に襲われています（だからこそ、銀座のディスカウント・スーパーマーケット、オーケーが大人気ですね）。これからも、まだまだ100均需要は続きそうです。

なお中国で100円均一商品を生産・販売する義烏《ぎう》、杭州《こうしゅう》らの都市は、経済成長とともに人件費が上がっています。これにより、確実に原価はギリギリになっています。実際に小資本の100均は閉店も相次いでいます。もう100均がどこでも栄華を誇る時代ではありません。すでに大手が実践しているように、100円以外の中価格帯を用意してミドル層をとらえるしかありません。

現在、100均と誰もが認識しているものの、実際に並んでいるのは300円、500円、1000円といった商品ばかりです。この業界は規模の拡大とともに、生産ロットも大きくなるしコストも抑えられます。いわゆるボリュームディスカウントという考えですね。100個を注文するよりも1万個を注文するほうが、取引先としてもコストを抑えられます。また１００個だけを作るよりも、１万個を生産したほうが、材料費は安くなるし、労務費は抑えられるし、設備稼働率は上がるし、金型費の配賦も下がるし、物流費も下がるし、なにより取引先の経営が安定します。だから調達する側が、買いたたきをしているとよくいわれますが、現実的には発注量が多い調達企業と取引をしたいと思っている人たちが多数いるというのが実情です。

さらに取引先にとってみれば、たくさん買い取ってくれるおかげで在庫リスクを避けることが可能です。また、１００均は全国に店舗を展開しており、すでに確立された販路を持っているため、取引先側は自社で広告を打つ必要がありません。日用品を求める来店客が多く、衝動買いや「ついで買い」が発生しやすいため、他業態に比べて商品が回転しやすく、次なる売上につながる利点もあります。

注文数を伸ばすためのノウハウ

――激安居酒屋のビジネスモデル

次に激安居酒屋を取り上げます。

激安居酒屋はどのように儲けているのでしょうか。残念ながら、激安居酒屋は少なからず倒産しています。どんな業態でも、売上以上にコストがかさんでしまっては生き残ることはできません。そんな中で生き残っている居酒屋は、回転率を上げて多くのお客を呼ぶことに成功しています。

ここからは、事例をあげつつ売上面とコスト面に分けて激安居酒屋の経営について説明していきます。

以前、飲食チェーンの社長から聞いた話で、驚くものがありました。社長いわく「タッチパネルを導入してから、売上が落ちてしまった」らしいのです。さらに「二次元バーコードを読み込んで注文させるのもダメ。最悪だ」とのこと。理由を訊くと「店員から積極的に声掛けしないと、お客は追加注文してくれない」とのこと。なるほど、と私は納得しました。

ある安価な居酒屋を経営している芸能人にこの話をしたのですが、「本当にそう。店員には『なぜお客様のコップがカラなのに話しかけないのだ』といつも指導している」とのことでした。

現在のような人手不足の時代には、タッチパネルや二次元バーコードの読み込みを採用するのはやむなき側面があります。しかし、コストは下がっても、その効果以上のロスがあってはいけません。先の芸能人が続けます。「たしかに人手不足で、ロボットが配膳している店もあります。しかし、料理は店員が持って行っている店がほとんどでしょ？　それならば運んだときに訊けばいいんです。それに、ぱっと各テーブルを周って御用聞きをするくらいの時間はありますよ」とも。

激安居酒屋ではとにかく注文数を増やして売上を上げるしかありません。私は学生時代に激安居酒屋でアルバイトをしていました。とにかく御用聞きでも何でもいいから声掛けをして、仲良くなって、注文をもらうことの繰り返しです。

さらにメニュー上の工夫もあります。「激安居酒屋」とはいっても、すべての商品が安価ではないケースがあります。たとえばビールやサワー等の目玉商品を安価にします。これをマグネット商品と呼ぶこともあります。これはお客が、その商品の安価さに引き付けられることに由来します。その安価な飲み物とセットで注文してもらう料理で、収益のつじつまを合わせるわけです。全体の収益を飲み物がフォローし、料理が支えているモデルといえます。

また激安居酒屋とはいえ、雰囲気まで安っぽくしないことが大切です。先の経営者は「女性が入りやすい雰囲気作り」が重要だと語っていました。男性のみが入れる店舗と女性も入れる店舗では、対象顧客が倍違いますからね。

なお、このところ激安飲食チェーンは、企業の福利厚生代行サービスと組むケースがあります。企業とは、普通のオフィスを想像してください。従業員はそんなに給与が伸びていないからランチ等にあまりお金をかけられない。そこで、激安で提供するノウハウを持つ激安飲食チェーンが割安メニューを提供するわけです。まだまだ激安という響きは日本で求められているようですね。

費用面でいえば、次のような工夫をしてコストを抑えています。

まずは大量の仕入れです。円安や物価高騰の時代ですが、食材等を大量に調達することで他店に比べてボリュームメリットを出し、交渉を優位に進めます。実際に多くの注文によって卸業者やメーカーから安い価格で提供してもらえます。とくに居酒屋チェーン店では、効率的なサプライチェーンを持っていますので、個店よりも費用を抑えられます。

また、たとえば大手は牛の一頭買いができます。当然ながら部位単位で購入するよりも安価です。使用する部位だけをグループのチェーンで分けるわけです。こんな背景からも現在は激安飲食チェーンの買収と巨大化が起きていますね。

加えてセントラルキッチン（複数店舗の提供料理を調理する集合型施設）の採用による、調理時間の短縮は欠かせません。調理時間が数分なのか20分なのかで回転率に大きな差が出ます。

大胆なサービスでリピート率向上

——「飲食店の大盛り無料」サービスのビジネスモデル

激安とは違うかもしれないのですが、「飲食店の大盛り無料」サービスがありますね。これは単純に見れば、店にとってはコストアップに他なりません。コストアップによって儲けは減ります。しかしこれについては、島田紳助さんの名著『ご飯を大盛りにするオバチャンの店は必ず繁盛する　絶対に失敗しないビジネス経営哲学』（幻冬舎、2007）でも触れられています。たしかに、その一回だけを見ると、当然大盛りにしないほうが利益は確保できます。でも商売は単発ではありません。長期的にお客の来店頻度を高めるゲームです。一回だけではなく、また来てもらえばいいのです。

まず、この「大盛り無料」は、その響きにすごみがあります。個人的に大盛りは注文しません。ただ、注文する人にいわせると、これが抗いがたい魅力的なフレーズに聞こえるようです。どうせタダなら、たくさんもらいたい、というわけです。そしてこの大盛り無料を利用する習慣がいつの間にか形成され、さほどおなかがすいていなくても機械的に注文するようになっていきます。

大盛り無料にかかるコストと便益を天秤にかけたときに、大盛り無料の対象はご飯などで比較的原価が低いものです。ラーメンの替え玉無料のサービスや、つけ麺の大盛りサービスもありますが、小麦粉なので同様にコストがさほど高くはありません。大盛り無料のサービスによってお客のリピート率を上げ、アルコールなどの高利益商品を注文してもらうことで成立します。その他、原価率が低めのドリンクやデザート、サイドメニューなどを組み合わせることで、全体の利益率を調整しています。そして、特盛りやトッピングには追加料金を設定することで、さらなる収益増加を図っています。

また、口コミサイトやSNSで「大盛り無料」のサービスが話題になることで、無料サービス以上の広告効果が得られる可能性もあります。

ちなみに食べ残しが社会問題になっているために、食べ残しの禁止など、一定のルールを設ける店もあります。すなわち、「大盛り無料」サービスの「無料」とは、文字通りタダという意味ではありません。長期的な売上や顧客満足度の向上を目指した総合的な経営戦略の一部であり、飲食店が顧客との関係を深めるための重要な手段と考えたほうがよさそうですね。

利用のハードルを下げてお客を呼び込む
——ソーシャルゲームのビジネスモデル

さらに「破格」といえるかは微妙ですが、無料体験期間が30日間あるソーシャルゲームがありますね。これも簡単にいえば、前述したように、「かかるコスト」へ「期待収益」になればいいのです。つまり、無料でゲームを遊んでもらって、多くの人はそのままやめるかもしれません。でも、そのうち何%かの人が有料に進んでくれたとします。そのときに、「ゲームを提供するコスト」＜「有料ユーザーからもたらされる利益」が成り立てばいいのです。

これは30日間の無料体験期間だけに当てはまるわけではありません。ずっと無料で、特定のアイテムや特定の機能だけ有料などのケースもあるでしょう。その際にも、多くの人たちからは利益を回収できません。ただし一部の有料ユーザーから回収する利益が、コストを上回っていればいいのです。

これらの経営戦略を「フリーミアム」と呼びます。このフリーミアムは、基本機能を備えた商品やサービスを利用者に無料で提供し、より高度な有料サービスや商品購入につなげるビジネスモデルです。

なぜ無料で提供するかというと、ズバリ、利用のハードルを下げるためです。みなさんも、いきなりお金を払うのではなく、まずはそのサービスを味見したい気持ちがあるはずです。ゲームであれば、やってもらわないと面白さもわかりません。そこで、30日間など一定の無料期間を設けて、その期間中にゲームの魅力を十分に体験させることで、有料プランへの移行を促します。

商品やサービスによっていろいろな数字があるので、絶対的なものではありませんが、一般的には全ユーザーの2～5％程度が有料ユーザーといわれています。2～5％と聞いて低いと思った方もいるでしょう。しかし、実際にそれで商売が成り立っているわけなので、なかなかの数字ではないでしょうか。

とりあえず需要モデル

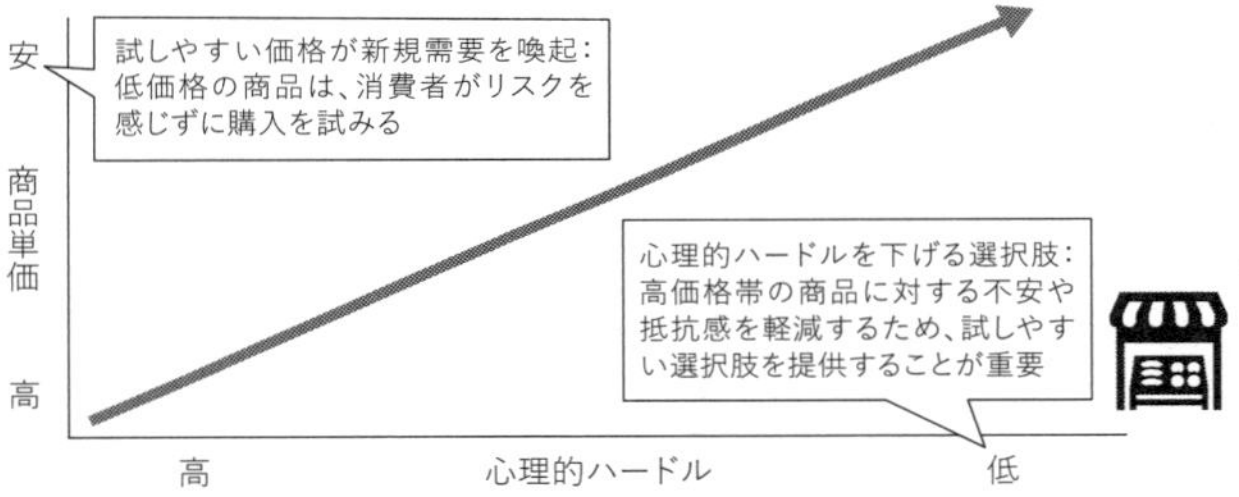

高回転率、低コストモデル

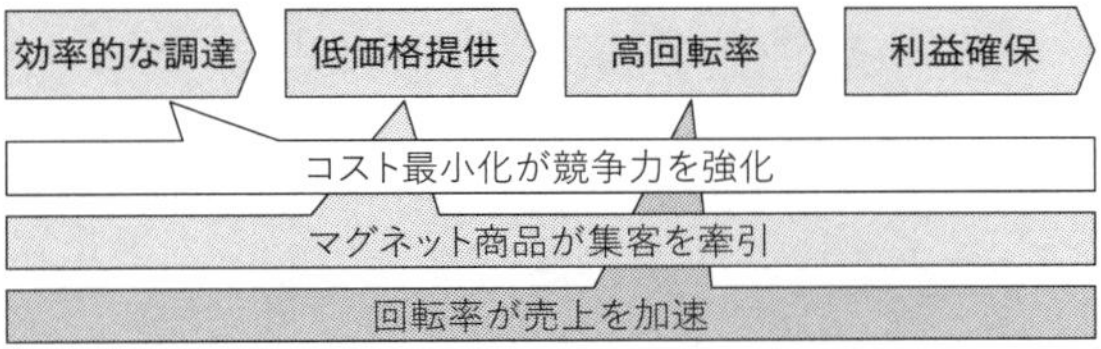

成功要因の分析

これらのビジネスをフレームワークで分析してみましょう。

「とりあえず需要モデル」：１００均の事例で見た通り、消費者が「とりあえず試してみよう」と思える価格帯の商品を提供し、エントリーレベルの需要をつかむモデルです。高価格な商品をいきなり購入することに心理的抵抗を感じる層に対し、低

フリーミアムモデル

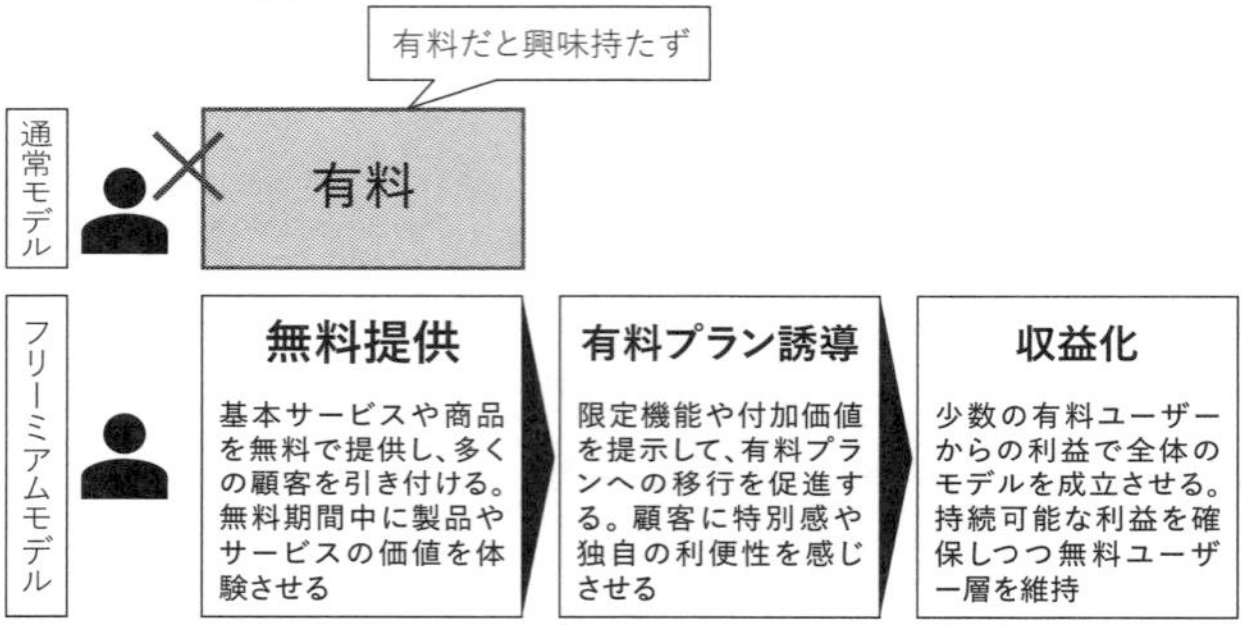
有料だと興味持たず
通常モデル
有料
フリーミアムモデル
無料提供
基本サービスや商品を無料で提供し、多くの顧客を引き付ける。無料期間中に製品やサービスの価値を体験させる
有料プラン誘導
限定機能や付加価値を提示して、有料プランへの移行を促進する。顧客に特別感や独自の利便性を感じさせる
収益化
少数の有料ユーザーからの利益で全体のモデルを成立させる。持続可能な利益を確保しつつ無料ユーザー層を維持

価格で試しやすい選択肢を提示するうまさがありました。

「**高回転率、低コストモデル**」：激安居酒屋で見た通り、売上を最大化するために回転率を高め、コスト削減を徹底して利益を確保するモデルです。激安居酒屋が採用する「御用聞き」や注文を促進する接客、短い調理時間を可能にするセントラルキッチンの導入などがありました。大量仕入れ、牛一頭買いなどのスケールメリットを活かした効率的な調達手法も重要ですし、目玉となる安価な商品（マグネット商品）で集客し、他の商品で利益を補完しましょう。

「**フリーミアムモデル**」：ソーシャルゲームで見た通り、基本的なサービスや商品を無料で提供し、付加価値のあるサービスや商品で利益を得るモデルです。ソーシャルゲームで活用される「お試し」の要素を強調しましょう。そして同時に全体の２〜５％の有料ユーザーから利益を得ることでビジネスモデルが成立するように設計しておくことです。無料で顧客の関心を引き付け、魅力を伝える期間を設けることは、ある種の発明ともいえます。

実践へのヒント　ビジネスモデルの応用

　ところで、１００均でも、激安居酒屋でも、ソーシャルゲームでもいいのですが、応用の前に課題やリスクを考えてみましょう。そこで真っ先にあげたいのは、商品の品質と差別化の難しさです。大手の１００均であってもそうです。私は１００均各社に取材をしたことがあるのですが、そのときに「競合他社の商品を参考にして模倣していますよね」というと、かならず苦笑されて「えへへ、他社様も同じですよね」とお茶を濁され、さらにそのシーンは放送時にはカットされています。１００円という均一価格の枠組みの中で、多種多様な商品を揃えるために、類似の商品が増えた場合、差別化が難しくなり、「どこで買っても同じ」という印象を持たれるリスクも伴います。実際にみなさんも、各１００均の違いを明確にいえるでしょうか。

　これは１００均のみを指摘したいわけではありません。１００均のように次々と商品を投入しなければならない業種に同じ傾向があります。これは激安居酒屋も当てはまります。激安で価格が似通ってきたら、同じような商品ばかりになります。かけられるコストも自ずと低くなり、ライバル間での差別化が難しく、さらに価格だけで競争するようになる……という循環です。なおソーシャルゲームでも、いきなり課金ではなく、まずは無料ダウンロードさせて、その次に課金という流れです。ソーシャルゲームも飽和してきて、大量の広告宣伝が必要なモデルになってしまいましたね。

次にサプライチェーンのリスクです。１００均の強みである「大量調達」に依存したビジネスモデルは、サプライチェーンにおけるリスクを抱えています。たとえば、原材料価格の急騰や、海外の製造拠点でのトラブル（自然災害や政治的要因など）は、商品の安定供給に直接影響を与える可能性があります。このような場合、価格を１００円のまま維持するのは困難で、場合によっては品揃えの変更やコスト上昇に対応せざるを得なくなります。実際に、アジアの他国、たとえばタイでも日本円換算で１００円では販売していませんからね。日本国内でも１００円での販売がいつまで可能か、という側面から持続可能性を考えるタイミングでしょう。同じく激安居酒屋でも同様のリスクを抱えています。

さらに店舗の飽和と出店リスクもありますね。100均の急成長は、かつては「空き店舗の救世主」としての側面もありましたが、近年では店舗の飽和が指摘されています。日本国内では、都市部を中心にほぼすべての地域で100均が展開されており、これ以上の成長を求めるには新しい出店戦略が必要です。その結果、現在では海外市場への進出や、オンライン販売の強化に力を入れる企業も増えてきています。激安居酒屋も新興勢が大量に攻勢を仕掛けています。

さて、ここまで課題やリスクについて述べてきました。その上で、実践のヒントを考えてみましょう。まず結論からいうと、100均と激安居酒屋のようなモデルを試すのは、私はお勧めしません。やはりこれからは客単価の高いビジネスモデルを構想しなければならないからです。安売りは、大企業や安売りが好きな人に任せましょう。

その意味で参考になるのは、一見したところは激安でも、ちゃんと背後に利益を得るためのロジックのあるフリーミアムモデルです。ソーシャルゲームの事例として触れました。これはたしかに差別化ができないリスクはありますが、ソーシャルゲーム以外の分野への応用が可能でしょう。

私は知人らとコンサルティング会社を経営しています。私が会社員だったとき、コンサルティング会社に連絡しようなんて思いもしませんでした。「ああ、困った。だからコンサルティング会社に助けてもらおう」なんて考えたことすらありませんでした。

しかし人間の愚かなところで、コンサルティング会社を起業した瞬間に顧客側の感覚を失念してしまいます。そして「なんで問い合わせが来ないんだろう」と悩むわけです。私たちは大胆にも他のコンサルティング会社が有償で販売しているコンテンツを無償で提供し始めました。そしてコンサルティングとともに専門教育講義も提供しているのですが、その講義内容も無償で公開しています。そうすると不思議なことに、興味を持った方々から仕事が舞い込むようになりました。つまり私たちは、フリーミアムモデルに助けられたのです。

同時に、コンテンツをダウンロードしてくれた方にはメールアドレスを残してもらう仕組みにしていますので、そのアドレスに対してオンラインセミナー等の告知もできます。企業研修の講師によっては、研修会社から呼ばれて話すだけの人もいますが、それでは研修会社から嫌われたら終わりです。フリーミアムの仕組みを構築して自立できる道を探ったらいいのに、と私はいつも思います（他人のことなので口には出しませんが）。

現在であれば、サーバーを借りてホームページを開設したり、SNSなどで告知したりできます。これが昔だったら私たちの起業は失敗していただろうと思います。フリーミアムは低コストで開始できますから、弱者救済の戦略ともいえますね。

ところで私が見るところ、日本の出版社は相当にすごいコンテンツを有しているのに、それを現金化できていません。古いコンテンツをAmazonのKindle Unlimitedで無料公開しているくらいなので、顧客の情報をもっと積極的に獲得するべきでしょう。本を読む人口の減少に伴い、出版の市場規模が縮小するのはほぼ自明です。今こそフリーミアムモデルでガンガンにコンテンツを公開し、読者のメールアドレスを積極的に取得しなければならないのではないでしょうか。

そして出版社ほど有名なビジネスパーソンや学者、実業家などとつながっている会社はありません。だから読者の情報を有効活用して、ビジネスを展開すべきではないかと私は考えています。

第9章

タイパ時代に、ゆっくりなのにボロ儲けできるあのビジネスの秘密とは?

――ゆっくりレジ、ゆっくりすぎるフェリー

時代の逆を行くビジネスモデルは成り立つのか？

私は某医師が選挙に出るときに政策資料作成などの業務を手伝った経験がありました。私はその医師との雑談の中で「なんでシニアの方はあんなに病院に行きたがるんでしょうね。朝からさほど用事もなく病院に並んで。私なんて行くと病気がうつりそうでいやなんですけれど……」と冗談めかしていったところ、彼はズバリ「体を触って、話してほしいからだよ」といいました。

これはなにもセクシャルな意味ではありません。もっと人間の原始的な欲求を説明していると私は理解しました。

以前からコスパ（＝コストパフォーマンス）なる単語がよくいわれており、次にタイパ（＝タイムパフォーマンス）なる単語までいわれ始めました。無駄な時間を過ごしたくない人たちが増え、映画の２時間は耐えられないものとなり、どんどん部屋での倍速視聴に移り変わりました。しかし効率、効率、と叫ばれる世の中で、本書の最終章として紹介したいのは、一見反動的ともいえる「ゆっくり」をテーマにしたビジネスモデルなのです。

タイパ時代の意外なニーズ
――ゆっくりレジのビジネスモデル

実は、あるスーパーの「ゆっくりレジ」がひそかに注目を集めています。レジなんて、効率的であるほうがよかったはずです。だからバーコードや、無人レジまで登場しているのです。この一見矛盾するビジネスモデルの秘密をまずはひも解いていきましょう。

この「ゆっくりレジ」は、文字通り、お客がお会計の支払いを〝ゆっくり〟できる専用レジです。スーパー「ハーツ」が福井県内の11店舗全店に導入しました。「ゆっくりレジ」という旗も設置し、いくつかのレジのうち一つを対象としました。こうすると素早く決済したいユーザーのニーズも取り逃しません。しかも、ちゃんと会話できるスタッフも完備していたのでスムーズな展開が可能でした。

この「ゆっくりレジ」ですが、なぜ人気なのでしょうか。みなさんも経験があるかもしれませんが、飲食店の自動発券機でやり方がわからずに、ドキドキしたことがありませんか？　私ははじめて訪れたステーキ店が自動発券機だったのですが、あまりにもトッピングの設定等が複雑怪奇で手間取っていたら、後ろに並んだお客から舌打ちされました。

もちろん素早くお客をサポートするのも重要でしょう。しかしそれにも限界があります。むしろ顧客ニーズとして、「現金支払いで時間がかかるが許してほしい」「子連れで手間取るが許してほしい」「高齢者や認知症で時間がかかるけれど許してほしい」、さらに「後ろの人が待っているプレッシャーから解放されたい」というニーズは相当にあります。周囲から異常なせっかちと認定されている私だってそうなのですから。

なお、「ゆっくりレジ」を導入したスーパーは売上を急上昇させ、さらに、顧客満足度を向上させました。もちろん、要因分析は慎重にするべきで、「ゆっくりレジ」の導入だけを売上増加の要因とするのは強引です。ただし、増加の一因を担ったのは間違いないでしょう。「絶対にゆっくりレジを使う」というお客からの声が多数あったといいますから。

なお、このゆっくりレジは、社会貢献の側面から見ると、高齢者や認知症の方の外出機会を増やした偉業であるとすらいえるのではないでしょうか。やはり、好意的な口コミが非常に多かったようで、導入店舗の宣伝効果も高かったようです。だって買い物をしに行くと、ゆっくりお会計ができて、その間に店員さんと話すこともできます。長話になっても、誰も怒らない。そこで他者と触れ合うことができます。普段あまり人と話す機会のない人や話し好きの人には、とくに嬉しいサービスのはずです。

このように、「ゆっくりレジ」は単なる思いつきのサービスの一つではなく、顧客ニーズを的確にとらえた戦略的なビジネスモデルといえますね。スピードの時代から逆行する「ゆっくり」の価値を提供することで、利益を上げることに成功しています。

非効率さが好まれる理由
——ゆっくりすぎるフェリーのビジネスモデル

私は2023年に102回の出張をしていました。私は電車や新幹線の窓から風景が流れていくのを見るのがとても好きなんですね。とくに仕事帰りにビールを飲みながら景色を見て、あれこれとたわいもないことを考える時間は嬉しいひとときです。

そこで考えたいのが「ゆっくりすぎるフェリー」ビジネスです。横須賀〜北九州間を片道21時間（！）かけて運航するフェリービジネスが展開されています。これは、一見したところ非効率に思えます。このサービスは、実は貨物輸送が主な収益源で、そこで比較的安定した収益を得ています。トラック輸送業者が主要な顧客であり、大量の貨物を一度に運ぶことができます。顧客からすると効率的な輸送手段です。

そういった背景に加えて、旅客需要の高さがあります。レジャーの繁忙期には予約で早くから満席になるほどです。そこで「ゆっくりすぎるフェリー」ビジネスは、マイカー利用者向けのサービスも用意しました。車ごと乗船できるため、長距離ドライブの負担を軽減できます。また、プライバシーへの配慮として個室やカプセルホテルタイプの宿泊施設を用意し、多様な宿泊ニーズに対応しています。さらに、レストランだけではなく、動くリゾートホテルのような設備を提供しています。

さらにうまいのがニーズの掬《すく》い取り方です。「クルーズ客船には手が届きにくいけれど、フェリーで気軽に船旅の非日常感を味わいたい」という顧客の声に応えています。独特の体験を提供していますし、一見非効率に見える21時間の航海は、実は多様なニーズに応える効率的なビジネスモデルとなっているのです。時間をかけることで、単なる移動手段以上の価値を提供し、独自の市場を確立しています。

成功要因の分析

これらのビジネスをフレームワークで分析してみましょう。

「待ち時間の価値化／暇つぶしの提供」：私はこれから、会社員たちの定年後の莫大な自由時間を消費するビジネスが花開くと思っています。人生１００年時代に、シニアの方は時間をもてあましているのではないでしょう。もっと移動に時間をかけて、旅の過程を味わいたいと思っている方も少なからず存在するのではないでしょうか。

この「ゆっくり」ビジネスの成功は、現代社会の急速なペースアップに対する反動を示しています。効率性や速さを追求するあまり、一部の人を掬《すく》い損なっているように私には感じられます。これは哲学的な話ではありません。商売として、ゆっくりを好む人が一定数いて、それらの潜在顧客を引き込もう、というきわめて実利的な話で

待ち時間の価値化／暇つぶしの提供

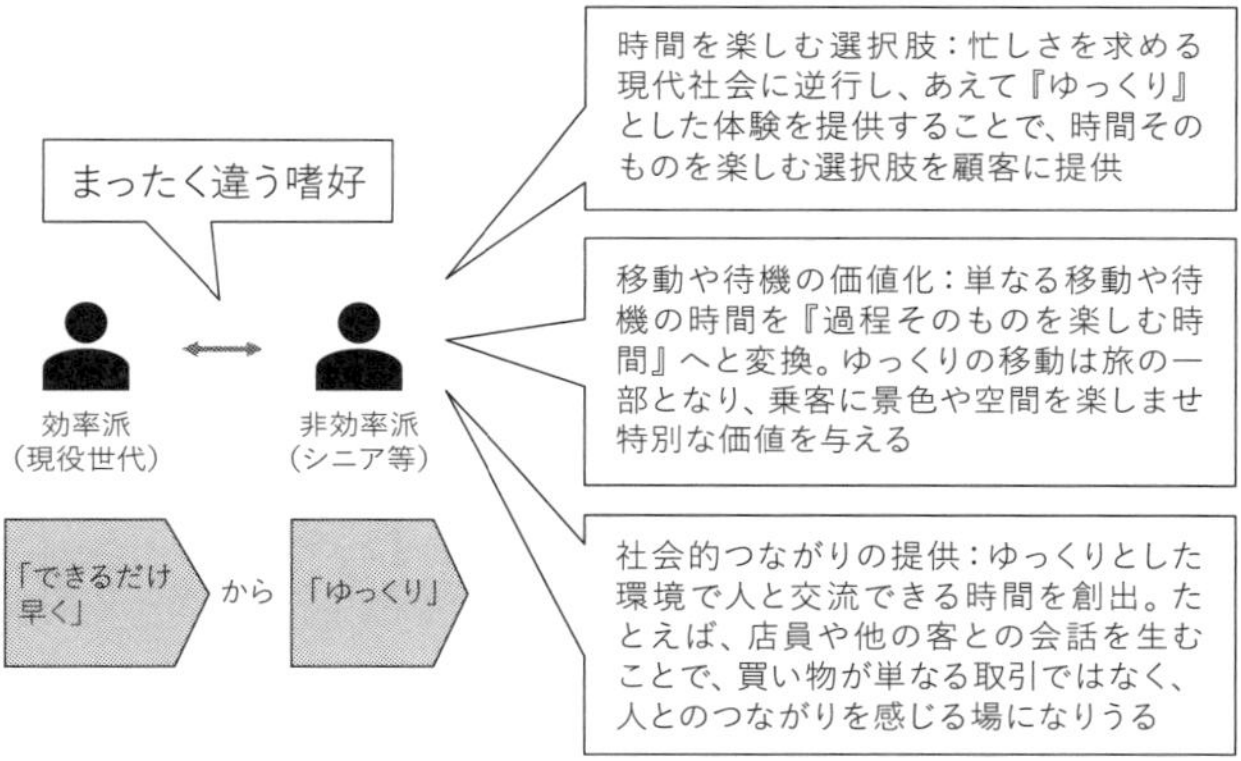

す。

「ゆっくりレジ」や「ゆっくりすぎるフェリー」は、特定のニーズを着実に満たすサービスといえます。これらのビジネスモデルは、時間をかけて何かを行うことを価値あるものにしています。「ゆっくりレジ」では、店員との会話や他の客との交流が生まれ、買い物という日常的な行為に新たな意味を与えています。「ゆっくりすぎるフェリー」では、移動そのものが目的となり、旅の過程を楽しむという醍醐味を与えています。

また、シニアの方にとって、これらのサービスは貴重な社会参加の機会となっていますよね。外出の機会が減りがちな方にとって、ゆっくりと買い物ができる環境や、長時間の船旅は、新たな刺激と人との触れ合いを提供してくれるものです。

実践へのヒント　ビジネスモデルの応用

このような「ゆっくり」ビジネスの成功は、今後の社会のあり方に一石を投じています。効率性だけでなく、人間らしさへの配慮、そして人々の本当のニーズに応えることの重要性を示唆しているように私には感じられます。

繰り返しになりますが、私は倫理や哲学の話をしたいわけではなく、実利的な話をしたいと思っています。その意味でいえば、おそらく生身の人間を対象としたビジネスであれば、「ゆっくりレジ」のように、店員と話せるのなら高い単価でも払う、というお客は一定数はいるでしょう。だからオプションを増やすだけで収益増につながるはずです。少なくとも選択肢を増やす価値はあるはずです。

また、企業相手の商売であっても、特定の顧客にじっくりと時間をかけて話してみてはどうでしょうか。意外にも対話を求めている顧客は多いと思います。「ゆっくり」の価値を活かしたビジネスモデルは、さらに多様な分野で展開される可能性がありま す。たとえば、ゆっくりと食事を楽しむレストラン、じっくりと本を読める書店、ゆったりとした時間を過ごせるカフェなどはこれまでもありましたよね。それに加えて、もっとさまざまな「ゆっくり」の価値を提供するビジネスが生まれると思うのです。

いつの時代もトレンドへの反動はやってきます。もちろん、世界全体で「ビジネスは非効率的がいいんだ」と全員が納得して、誰もがダラダラと仕事をするような時代にはなりません。効率性に付加価値をつける流れはきっと変わりません。おそらく「ゆっくりレジ」を提供しているスーパーマーケットも、「ゆっくりフェリー」を提供している事業者も、従業員全員がのんびりしていたら、同様のサービスを他社が供給し市場から撤退させられることになります。だから商品としてのゆっくりと、自社のゆっくりはイコールではありません。

ただ、効率化の世の中に追随できなかったり、反感を覚えたりする人々の反動は起きるだろう、ということです。

だから、ときには効率、効率、と叫ぶだけではなく、非効率的かつ反トレンド的なサービスも考えてみましょう。

コラム①「1円スマホ」で利益は出るのか

かつて「0円でスマホが買える」といった宣伝文句がよく聞かれました。法律（電気通信事業法）の改正で規制されたため、大手キャリアの公式店舗では姿を消しました。今後はどうなるかわかりませんが、原稿執筆時点ではまだ家電量販店等では「1円スマホ」は販売されています。これはどういう仕組みなのでしょうか。

まず前提ではありますが、家電量販店が販売する場合には、家電量販店が損することはやりません。ボランティアでもＮＰＯでもないからです。

よくあるのは乗り換えのお礼として割引されるものです。これはたとえば2万円のスマホがあったとして、他社から切り替える代わりに1万9999円を割り引いてくれるもの。これの派生形もあります。たとえば、割引だけでは1円にならないけれど、2年後等に返却することで、残額の支払いが免除され、結果として1円で購入できるのと等価になるものです。

また回線を同時に契約する必要がある際に、その回線の割引を含めると1円になるものもあります。もっとも日本では景品表示法（不当景品類及び不当表示防止法）があるため、まったくの嘘は書けません。ただ実質的には1円になるということです。キャリアにとってみたら、端末は安価に販売したとしてもそこから数年間にわたって通信料を受け取るわけですから、トータルでは収益のつじつまが合います。

なお、個人的にはスマホ本体の価格と合わせて、やはり通信料に注目したいところです。というのも、これだけ宣伝されているにもかかわらず、MVNO（仮想移動体通信事業者）へ加入していない人がたくさんいるのです。このMVNOは、大手キャリアの通信網を借りて通信サービスを提供しているため、通信料が大幅に安くなることが一般的です。たとえば、大手キャリア料金の数分の1になる場合もあります。実際に大手キャリアも別ブランドでMVNOを展開し、大手キャリアのほうではサービスの高さで差別化しています。それにもかかわらず、多くの人がMVNOへの移行をためらうのはなぜでしょうか。多くの人にとっては高サービスなんて不要で、インターネットが使えて通話ができれば十分のはずですよね。

おそらくMVNOについての情報が十分に消費者に届いていないだけじゃないかと

思います。または「安かろう悪かろう」というイメージがいまだに根強く残っていることです。実際には、近年のMVNOは通信品質の向上やサポート体制の充実を図っており、大手キャリアと比べても遜色ないサービスを提供しています。

このような背景から、スマホ本体の価格ではなく、通信料の総額や契約条件をしっかりと比較することが重要です。とくに、スマホを頻繁に使うヘビーユーザーであれば、MVNOで通信量に応じた最適なプランを選ぶことで、大幅な支出削減が可能になります。

コラム② 中古車販売業は、不況の時代に合ったビジネスモデル

私には息子が2人います。長男が保育園に通っていたときのことです。同じ園に通うお子さんのお父さんに、アフリカのカメルーンご出身の方がいました。ご本人は日本語をほぼ話せず、ある程度の英語が話せる私くらいしか話し相手がいなかったようです。そのお父さんは自動車の輸出業を営み、アフリカで販売しているといいます。

あるとき、こんな会話をしました。

「自動車をどうやって仕入れるのですか？」

「定期的に日本で中古売却オークションがあります」

「えっとアフリカは右ハンドルでしたっけ？」

「国によって異なります」

「左ハンドルの国には？」

「改造して持って行きます。車種にもよりますが、1台30万円から50万円で左ハンドルにできます」

「どのメーカーが人気ですか？」

「国によります」

「まあ、そうですよね。じゃあナイジェリアとかではどうですか」

「トヨタ車ですね」

「儲かりますか？」

「国とマーケットの状況によります」

「でも、悪い商売じゃないから続けているんでしょう」

「はい。日本から自動車を持って行くだけですから」

なるほどこういう商売もあるのか、と思いました。日本では自動車はありふれており、中古車販売業者も多くいます。しかし、自動車をアフリカで販売するだけで、まったく競争相手がいない空白地帯が生まれるのです。

なお、日本国内を相手にしてもよいでしょう。原稿執筆時点では実質賃金が上がっていません。物価の上昇に追いつけるほど給与は上がっていないのです。とすれば必然的に中古車販売が脚光を浴びます。つまり、新車にお金は払えないけれど、中古車にだったら払える人は確実にいます。その意味で中古車の需要は高まっており、安定した販売が見込めます。

次に、多くの中古車販売業者は、車検設備や板金設備を保有しており、大掛かりな修理や整備を自社で行うことができます。これにより、通常なら廃車となる車両も中古車として再販できるメリットがあります。

またみなさんもそうであるように、インターネットの普及により、消費者は複数の中古車情報サイトで検索・比較検討するようになりました。そして品質のよい中古車への需要が高まりました。これらの変化に対応するため、中古車販売業者はオンラインでの情報提供や品質保証の強化を行っています。以前は中古車市場はレモン市場といわれていました。レモンを売る側からすればどれが質のいい商品かわかるけれど、消費者はわからない。つまり店側と消費者における情報の非対称性のことです。しかし近頃ではインターネットとスマホの普及が、レモン市場を緩和させている感があります。

さらに、大手メーカーや販売店は、中古車販売業者として「安心・信頼」のブランドイメージを活かした商品ブランドの展開に努めています。大手メーカーによっては、クリーニング、車両検査証明書、保証をセットにした商品ブランドを宣伝しているものもあります。オートオークションシステムの導入や、インターネットを活用した情報提供サービスの展開など、技術革新により中古車販売のプロセスが効率化され、消費者にとってより便利になっていますね。

中古車販売業者のこれからの発展に注目です。中古車が循環するのは基本的にいいことですし、なにより、日本車はとくに頑丈ですからね。

コラム③　古着屋は、最新技術を用いた戦略で勝つ

古着屋も多くが潰れています。ただ、やり方によっては高い利益率を確保できる可能性があります。なぜならば、古着屋は仕入れ価格が新品に比べて圧倒的に安いからです。たとえば1000円で仕入れたジャケットを1万円で販売すれば、利益率は9割です。

これは一般的な衣料店では難しい率です。ただ、当然ではあるものの、お客がほしい古着を用意せねばなりません。だから、古着屋の成功にはディーラーとのネットワークが重要です。あるいは誰もが古着を売ってくれて、それらを適正に買い取る仕組み作りが重要です。実際に中古買い取り大手は、買い取り専門店舗を作っています。また、ディーラーは国内外の仕入先から確実な古着供給を行います。とくに、新品がすでになく、古着でしか売られていない衣料が多い場合は優位です。だからこそ、ディーラーはアメリカの大規模な古着市場やヨーロッパのビンテージショップから仕入れることで差別化しています。

　また古着屋によってはオンラインストアやＳＮＳを活用しています。それにより、街中の古着屋の枠を超えて、地理的な制約に関係なく広範な顧客層にアプローチしています。なにより重要なのは、仕入れて、そして売るというサイクルの回転率を上げることです。この回転率を上げるために、マーケティングを徹底して売れる品を見極め、適切な価格設定を行うことが肝要です。

　結局は、古着屋の成功には独自のブランド価値を構築することが欠かせないということでしょう。だって私も含めて、お客が古着に求めるものは単なる安さだけではなく、希少性やトレンド、そして意外性といった付加価値ですからね。

　そのため、多くの成功している古着屋は、単に衣料を販売するのではなく、商品の背景や魅力を顧客に伝える努力をしています。たとえば、ビンテージアイテムの由来やデザインの特徴、過去の流行とのつながりなどをＳＮＳや店舗内で発信することで、消費者の購買意欲を刺激しています。

　さらに、テクノロジーを活用した新しいサービスも注目されています。たとえば、ＡＩを活用して商品検索を最適化したり、顧客の好みに合ったアイテムをレコメンドしたりするサービスは、オンラインストアの利用を促進する上で有効です。また、拡張現実（AR）を使った試着体験を提供することで、オンラインでも実店舗に近いショッピング体験を可能にしています。これにより、返品率を下げつつ顧客満足度を高めることができます。

一方、古着屋の競争が激化する中で、ローカルコミュニティとのつながりを強化する店舗も増えています。地域特有のファッションニーズを取り入れるだけでなく、イベントやワークショップを通じて顧客との関係を深めることで、リピーターを増やす努力が見られます。たとえば、古着のリメイク教室やカスタマイズサービスを提供する店舗は、新たな購買体験を創出し、他店との差別化を図っています。

結局のところ、古着屋の成功には「仕入れ」「販売」「顧客体験」のすべてにおいて戦略的なアプローチが求められます。単に過去の衣料を売るだけではなく、現代のニーズに応じた価値を提供できるかどうかが、古着業界での生き残りを左右する鍵となるのでしょうね。

コラム④　これから始めるなら、超ニッチな専門店がいい

私たちのコンサルティング会社はいかに商品や製品を仕入れて、いかにビジネスモデルを発展させていくかを専門にしています。だからこそ本書を執筆しているのですが、異常なほどにニッチです。設立当初は「そんなニッチな領域をコンサルティングするといっても、顧客はいないんじゃないか」といわれました。しかし、日本には1億2000万人もいます。これだけ人数がいるとニッチであっても、かなりの数になります。さらに日本全体だけではなく世界全体に広げると、もっと商売の可能性があるでしょう。

専門性の高さは、小資本の企業の大きな強みです。みなさんも商売を始めるなら、狭い領域で深い商品の提供をお勧めします。なぜならば、大資本の企業がこれだけある中で、独自の特色を持つことのみが小資本の企業生命線ともいえるからです。

ニッチな専門店の強みの一つは、顧客ニーズに対応できることだけではなく、同じ趣味や興味を持つ人々のコミュニティを形成しやすいということです。店自体が同じ

趣味を楽しむ人々が集まり、情報交換や交流の場となっていけば最高です。これまた私たちの話になりますが、私たちはモノを仕入れる人たちのプラットフォームを作っています。そうするとイベントごとに、同業者が集まり、悩みを共有したり、愚痴をいい合ったりする機会を提供できます。これこそが私たちの価値提供機会といえます。

実際に、アニメやゲーム関連の専門店がありますね。同人誌専門店は、マニアックな作品や限定商品を取り扱うことで、コアなファンの支持を集めています。これらの店舗は単なる販売の場にとどまらず、ファン同士の交流の場としても機能しており、強固なコミュニティを形成しています。しかも私がそうなのでわかりますが、同類がいるとわかると、そこから離れられません。

ニッチな専門店の多くは、一時的な流行に左右されにくい安定した需要を確保しています。「超ニッチな専門店」が潰れない理由は、高い利益率と確実な需要、専門性と付加価値の提供、独自性と差別化、顧客ニーズへの柔軟な対応。それに加えて、コミュニティの形成にあります。これらの要因が相互に作用し合うことで、大企業が参入しにくい市場で持続可能なビジネスモデルを構築することができます。

ニッチな専門店は、単に小さな市場を狙うだけでなく、その市場において圧倒的な存在感と価値を提供することを目指すべきです。その専門性と独自性を活かしつつ、時代のニーズに柔軟に合わせて進化することで、持続可能なビジネスモデルを確立しましょう。なにより、大企業にはない機動力と専門性が武器ですね。これからも多くのニッチな専門店が、日本の商業に彩りを与え続けてほしいものです。

あとがき

最後に、私自身のことを少し書いてみます。

本書を書き始めてから書き終わるまでの期間に、2回ほど似た質問を受けました。「あなたはなぜ生き残っているのですか」。もちろん、ズバリこのままの質問をされたわけではありません。ただ質問者からすれば、あの店がなぜ潰れないか、という書籍を書いている私自身がそもそもどんな仕事をしているかわからない、というわけです。自分のことながら笑ってしまいました。

私はメディアに出るときに「経営評論家」と紹介されることがあります。企業の経営を論じて食っているように見えるからでしょうか。某ラジオ番組に出演した際に、MCの方から「経営評論家ってどんなご職業なんですか」と質問され、「わかりませんので、経営評論家の方にご質問してみてください。他人の評論だけで食える人ってすごいですね」と答えたところ、放送事故のような雰囲気になりました。

私は月に20本くらい原稿を書いています。また、年に100回くらいテレビのコメンテーターだったりVTR出演だったりフリップ登場をしたりしています。出版社の方には、私のことをライターとしての原稿料か、メディアの出演料で生活していると考えている人もいるようです。しかし実際は、おそらくメディア関係の収益は全体の5%もありません。

また「講演で食っている」と思っている人もいます。たしかに講演でお呼びいただく機会が増えました。さまざまな団体や企業の方が私を見つけてくれたこと自体が奇跡ではないかと思うほどです。

ただし講演の仕事はメインではありません。私の収益のほとんどは本業のコンサルティングで得ています。業界は小さなところもありますが、大きな企業からの依頼が大半です。私たちは数人でコンサルティング会社を運営しています。世の中には有名なコンサルティング会社がたくさんあります。そして多くのコンサルティング会社が倒産しています。その中で大企業が私たちに依頼してくれるのは、ほとんど奇跡です。私たちが提供する成果がいいと大企業が認めてくれているわけで、非常にありがたく感じています。

ところで、みなさんは「コンサルタントは口先だけ」というイメージがありませんか？　そんなイメージを持っていない？　私にはあります（笑）。自分で事業を運営できないコンサルタントから指導なんてされたくありません。そこで、私たちは研修会社の経営もしています。社会人向けの専門教育教材の販売をしたり、リスキリングプログラムも有したりしています。その事業を通じて、どうやって集客して満足度を高め、リピーターになってもらうかを試行錯誤し、実践しています。

しかし、面白いことに、このような私の全体像については、私の妻も理解していません。もちろん断片的には知っていますが、なぜ〝あの〟夫が食えているのか、を完全には説明できないはずです。これほどいつも接して、話してもいる存在なのに。

そう考えると、街を行く際に、多くの商売があって、なぜ〝あの〟店が潰れていないのか不思議に思うのは当然かもしれません。最大のミステリーは、身近な店にこそあるのです。私は佐賀県出身で、田舎で生まれ育ちました。現在は東京で暮らしていますが、もともと一人で散歩するのが好きで、平日の朝と晩と合計2時間を散歩するのも珍しくありません。実家に帰ると、子どもを預けて10代前半の頃に通ったかつての街並みを歩きます。すると、栄華を誇った商店街のほとんどはシャッターが下りています。2階部分は主が居住しているために再開発も進まず、どんよりとした雰囲気が漂います。しかし、そんな中でもなぜか生き残っている店があります。そのなぜか潰れていない店に光を当てたい。これが本書を執筆するきっかけでした。

なお、私は本書の執筆を通じてあらためて「潰れない店」に隠された知恵と工夫を再認識しました。街の片隅でひっそりと営業を続ける店、祭りやイベントの束の間に全力を注ぐ商売、あるいは最新のトレンドを無視しながらも変わらぬ味や価値を提供する店。どれもが、日本の経済や文化の豊かさを支える存在であり、その一つひとつに物語があります。

私は小さい頃から、なぜ成功している人と、成功していない人がいるのだろう、という幼稚な、しかし根源的な疑問から逃れられませんでした。

商売に普遍的な「正解」はありません。環境の変化や競争の激化は避けられない現実ですが、それでも生き残る力は「人」と「知恵」に宿っています。本書で紹介した事例の数々から、それらの例を拾っていただけたらと考えています。紹介した商売に共通するのは、大資本や大きな設備ではなく、限られた資源を最大限に活かし、人々の心に寄り添いながら価値を提供している点です。

読者の中には、自分自身のビジネスや働き方に悩みを抱えている方もいらっしゃるかもしれません。しかし、「潰れない店」のエッセンスは、私たち個人にも応用できるヒントで満ちています。失敗を恐れず、小さくても新しいことを試みる勇気。人とのつながりを深め、信頼を築き上げる努力。そして、どんなに困難な状況でも「何かできることがある」と信じる心。それが商売だけでなく、私たちの生き方そのものを支えてくれるのではないでしょうか。大げさかもしれませんが、私はそう考えています。

そして、次に街を歩いたときには、普段なら気にも留めないような「潰れない店」を見つけ、その背景にあるストーリーや理由を想像してみてください。そうすることで、きっと新しい発見が生まれるはずです。

最後に、この本を手に取ってくださったみなさんに心からの感謝を申し上げます。商売の多様性、そしてその中に生きる人々の情熱を共有できたことは、私にとっても大きな財産です。これからも、この国の至るところで輝き続ける小さな店たちに敬意を払いながら、私自身も新しい挑戦を続けていきたいと思います。

私は「あなたはなぜ生き残っているのですか」と質問された、と書きました。もし、これからも私の試みが成功し、私が生き残っていたら、また次回のSB新書でお会いしましょう。

2025年3月

坂口孝則

著者略歴

坂口孝則（さかぐち・たかのり）

経営コンサルタント、講演家。セミナー会社経営。大阪大学卒業後、電機・自動車でのサプライチェーン・調達業務に従事。現在、未来調達研究所株式会社に所属。同社にて、多くの無料教材を提供中。コンサルティングにくわえて、企業講演、各メディアでの出演・執筆を行う。代表的な著作に『調達・購買の教科書』『製造業の現場バイヤーが教える 調達力・購買力の基礎を身につける本』（日刊工業新聞社）、『営業と詐欺のあいだ』『買い負ける日本』（幻冬舎）等がある。

SB新書　693

駄菓子屋《だがしや》の儲《もう》けは0円《えん》なのになぜ潰《つぶ》れないのか?

「しぶとく生《い》き残《のこ》るあの店《みせ》」にはワケがある

2025年5月5日　初版第1刷発行

著　　者　坂口孝則《さかぐちたかのり》
発 行 者　出井貴完
発 行 所　SBクリエイティブ株式会社
〒105-0001　東京都港区虎ノ門2-2-1
装　　丁　杉山健太郎
本文デザイン
D　T　P　株式会社キャップス
校　　正　株式会社ヴェリタ
印刷・製本　中央精版印刷株式会社

本書をお読みになったご意見・ご感想を下記URL、
または左記QRコードよりお寄せください。
https://isbn2.sbcr.jp/28390/

落丁本、乱丁本は小社営業部にてお取り替えいたします。定価はカバーに記載されております。
本書の内容に関するご質問等は、小社学芸書籍編集部まで必ず書面にて
ご連絡いただきますようお願いいたします。

ISBN　978-4-8156-2839-0